蓮池 林太郎
Rintaro Hasuike

クリニックは立地で決まる!

患者が集まる開業場所の選び方

JMP
日本医療企画

はじめに

開業場所の選び方次第で開業医人生は大きく変わる！

新宿駅前クリニック院長の蓮池林太郎と申します。

私はクリニック激戦区である新宿駅近くで、新宿駅前クリニックという診療所を経営しています。現在、常勤医師5人体制で1日の新規患者数は100人強、総患者数は400人ほどになっています。

私はお節介な性格もあり、自院の経営だけでなく、クリニックの開業支援や経営コンサルティングを無償で行っています。コンサルティングを本格的に始めるようになって5年ほどが経ちましたが、開業支援においては物件選びからかかわり、ネット集患のノウハウもアドバイスしています。私の支援を受けて開業した医師からは、「開業初日で50人超の患者さんの来院があった」「開業3年で年収1億円に到達した」「分院展開までできるようになった」と報告を受けることもあり、大変嬉しく、やりがいを感じています。

一方、経営コンサルティングでかかわっているクリニックのなかには、患者さんがなかなか集まらず、経営がうまくいっていないところがあります。特に都心部のクリニック激戦区において、よくいただく相談です。これまでに地域も診療科も異なるさまざまなクリニックから相談を受けてきましたが、患者さんが集まらないクリニックにはある共通点があります。それは、「もともと患者さんが集まりにくい場所で開業している」ことです。つまり、開業場所を間違えてしまっているわけです。

私はネットマーケティング（医療ＳＥＯ）を専門としています。ネット集患のアドバイスを聞いて、患者さんを少しでも増やしたいという気持ちはよくわかりますが、ネットに力を入れてもなかなか厳しい地域や診療科があり、手の施しようがない場合もあります。「開業場所を決める前に相談してくればよかったのに」と歯がゆい気持ちになります。

クリニックの開業において、「開業場所の選び方」は非常に大きなウエイトを占めているにもかかわらず、多くの医師はあまり勉強することなく、直感的、感覚的に開業場所を選んでしまっている現実があります。開業場所の選び方については詳しく書かれた書籍がなく、ネット上の情報も玉石混交です。医師はエビデンスを重視しますが、エビデンスとなる情報自体がなければ、重視したくてもできません。

そこで、私は店舗ビジネスの専門家が発信している情報を収集し、開業支援をしてきた自身の経験・知識を含めて整理し、開業志望の医師、開業医、クリニック関係者向けに本書を出版することにしました。誰でもわかりやすく読めるように、専門用語を極力使わず、平易な文章でまとめています。

開業志望の医師が本書を読めば、患者さんが集まる開業場所を選ぶことができるようになるでしょうし、開業支援業者に立地探しを依頼する際も提案の良し悪しを判断できるようになるはずです。また、すでに開業している医師やクリニック関係者にとっては、開業志望の医師がどのような視点から開業場所を選んでいるのかがわかり、適切な予防策を講じることで、競合クリニックが近隣で新規開業する確率を下げることができます。

医師の独立開業は起業と同じで、自らが経営者となり、数十年先の将来を見据えながら事業を展開しなければなりません。事業が成功しなければ、自分だけでなく家族の人生を左右することもあります。相応のリスクを伴うからこそ、十分な知識や備えが必要なのです。

読者の皆様が安定的なクリニック経営を持続していくために、本書が少しでもお役に立てれば幸いです。

２０２２年6月吉日

蓮池林太郎

目次

STEP 3

電車社会と車社会で変わる繁盛する立地

STEP 4

競合クリニックを正しく評価・分析する方法

STEP 5

戦わずして勝つ！　競合が開業する確率を下げる予防策

STEP 6 なかなか見つからない!? 好立地物件の探し方 95

STEP 1

診療圏調査ではわからない！患者が集まる立地の3条件

新規患者の来院経路には3つのパターンがある

開業当初はリピートの患者さんはいません。そのため、来院する患者さんは基本的に新規患者さんのみになります。では、新規患者さんはどのような来院経路でクリニックを受診しているのでしょうか？　来院経路は、①通りがかり、②ネット、③口コミの３つに分けられ、その比率は地域や診療科によって異なります（**図表1−1**）。

①通りがかり

クリニックの前を通りがかった際に、クリニックに設置されている看板や外観を見て、クリニックの存在を知ります。そして、体調不良になったときに、そのクリニックを思い出して受診します。

②ネット

スマホやパソコンなどで「地域名＋診療科名」または「診療科名」などのキーワードで検索してクリニックを探します（＋は検索時のスペースを意味します）。候補となるクリニックがいくつかあれば、比較検討して受診するクリニックを選びます。来院経路がネットの場合、患者さんは通りがかりよりも遠方から来院される傾向があります。

図表１－１　新規患者の来院経路

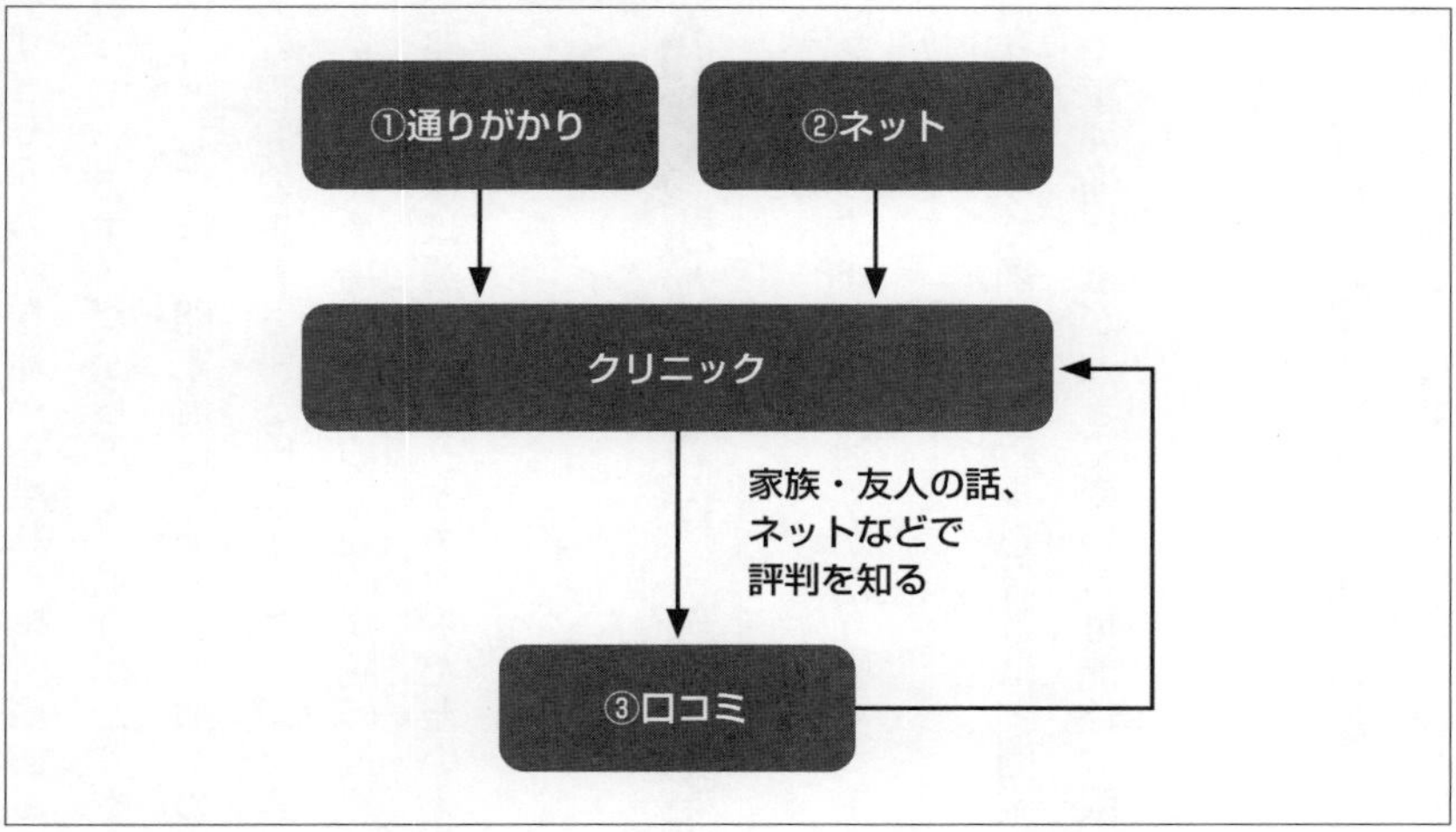

③口コミ

家族や友人などから評判がよいクリニックを教えてもらって、もしくは教えてもらったことを思い出して受診します。ネット上での口コミを参考にすることもあります。近隣にある他科目のクリニックからの紹介も、ある意味、口コミの１つといえるでしょう。

開業志望の医師のなかには、「口コミで新規患者さんが来るから、通りがかりやネットに頼らなくても大丈夫」という方がいます。しかし、口コミは一度でも来院したことがある患者さんがするものなので、新規開業時の来院経路としては通りがかりやネットが重要になります。ちなみに、通りがかりでクリニックを知った人が「あそこにクリニックができたらしいよ」と紹介してくれるのは、口コミというよりは通りがかりがきっかけと考えるべきでしょう。

スマホやパソコンでクリニックを検索して探すことが当たり前となった現在においては、ポスティングチラシやクリニックの所在地から離れた場所にある看板（駅看板や野立て看板など）はあまり効果がないことがわかっています。だからこそ、通りがかりやネットで認知度を高めることが重要なのです。

例外としては、開業前に勤めていた病院の患者さんに近隣で開業する予定を伝えて案内すれば、最初からある程度の患者さんを確保することができます。しかし、病院との関係性の悪化に注意しなくてはいけませんし、開業場所が勤めている病院の近くに限定されてしまいます。落下傘開業における開業当初の来院経路は、ほぼ通りがかりとネットだといえるでしょう。

開業場所が決まれば、新規患者数の上限と競合が決まる

開業場所が決まれば、通りがかりやネット経由で来院する新規患者数の上限、現時点での競合クリニックが決まります（**図表1－2**）。

通りがかりで来院する新規患者数は、開業して数か月ほどでほぼ一定になります。クリニックの前を歩く人や車の通行量が大きく変わる可能性は限りなく小さく、当然といえば当然です。あなたの住んでいる街でも大手ドラッグストアやファーストフード店が新しくできたら、数か月以内にはそれらのお店を認知しているはずです。

ネット経由の新規患者数は、徐々に増えていく傾向があります。一般的にクリニックのホームページは開業直後に上位表示されにくく、開業後から数か月単位で徐々に上位表示されやすくなるからです。徐々

図表１－２ 開業場所によって自動的に決まること

●通りがかり経由の新規患者数の上限
→開業して数か月でほぼ一定に
●ネット経由の新規患者数の上限
→開業から徐々に増え、その後、増減を繰り返す
●現時点における競合クリニックの数
→将来的に増減する可能性があるため、注意が必要

に増えていくとはいえ、その後、ネットの検索順位により増減を繰り返します。地域において特定の診療科のクリニックを探している人の数（月間の検索ボリュームで推定できます）には上限があり、開業場所が決まった時点でネット経由で来院する新規患者数の上限も決まることになります。

そして、現時点における競合クリニックの数も決まります。あえて〝現時点〟としたのは、将来的に新規開業や閉院によって競合が増減することがあるからです。

口コミ経由の新規患者は努力で増えない？

私は口コミ経由の新規患者さんを努力で増やすことはなかなか難しいと考えています。世の中には評判の良い開業医もいれば、評判の悪い開業医もいます。インターネット上の口コミを見て、評価の低さに驚き、なかには傷ついてしまう開業医も少なくありません。医師に面と向かって不満を漏らす患者さんは少ないので、医師本人は気づきにくいことでもあります。

多くの医師は開業するまでにキャリアを積み、ご自身の診療スタイルが決まってしまっています。口コミで新規患者さんを増やせるかどうかは、開業

前からほぼ決まっているという考えもあります。

もっと端的にいえば、コミュニケーション力はその医師の持っている性格や今までの環境により、ある程度、固まってしまっており、努力することは大事ですが、誰もが口コミで患者さんを増やすことは難しいのではないでしょうか。

たとえば、コミュニケーションが苦手な人が愛想よく相手を楽しませようと頑張ってみても、少し話すうちにボロが出てしまって相手に見抜かれてしまうのと近いのかもしれません。無理をして続けていると笑顔がひきつって疲れてしまうだけでなく、会話そのものが嫌になってしまうこともあります。

勤務医時代に患者さんから評判の悪かった医師が、開業後に豹変して評判が良くなったという話を私は聞いたことがありません。開業当初の患者数が少ないときは頑張っていたけれど、患者数が増えて忙しくなってきたら、元の評判の悪い診療に逆戻りしてしまったというケースもあります。

ネット経由の患者は満足度が低い

ネット経由で来院された患者さんは、通りがかり経由で来院された患者さんより、クリニックに対する満足度が低い傾向にあります。

その理由としては、ネット経由の患者さんは他のクリニックで満足していなかったり、頼りにならないと判断して、わざわざスマホやパソコンで探して、いくつかの候補を比較検討してから来院されているからです。無意識のうちに期待値は上がります。

クリニックの評価が「感動＝5点」「満足＝4点」「納得＝3点」「不満＝2点」「絶望＝1点」の5段階だったとします。通りがかりで知ったクリニックであれば、情報がなく、特に期待はしていないため、普通の診療でも3点をつけることもあるでしょう。しかし、ホームページの内容がよく、グーグルの口コミが4点台だと期待が高くなるため、普通の診療では3点より低く評価してしまう傾向があります。同じ人でも、病気や状況によって期待値が異なるので、クリニックに対する評価も変わってきます。

私たち人間は社会的動物でもあるため、口コミを気にしてしまいがちです。開業志望の医師や開業医のなかには口コミを過剰に気にしすぎてしまっている人もいます。

口コミの内容から改善すべき点もあるでしょうから、改善すべき点は改善するとしても、患者数が少ないからといってネットの口コミを気にしてピリピリ診療するよりも、患者数を増やしてネットの口コミを気にせずノビノビ診療するほうが精神衛生上もよい気がします。

患者が集まる立地の3条件とは？

開業場所が決まれば、新規患者数の上限と現時点での競合クリニックが決まるため、開業場所の選び方はとても重要です。実際に患者さんが集まる開業場所の選び方について考えていきましょう。

患者さんが集まる立地には、さまざまな条件がありますが、私は「需要が供給を上回る地域」「競合が弱い地域」「認知度が高い場所」の3つの条件が重要であると考えています（**図表1－3**）。

①需要が供給を上回る地域

年齢や性別ごとにどれくらいの確率でクリニックにかかるか（受療率）は決まっています。住んでいる人や働いている人の数、年齢を調べることにより、おおよその需要、その地域における患者数を把握することができます。

需要（その地域における患者数）と供給（その地域におけるクリニック数）はバランスが重要です。いくら需要がある地域でも競合するクリニックの数が多ければ、1クリニック当たりの平均患者数は少なくなります。逆に、需要があまりない地域でも競合するクリニックの数が少なければ、1クリニック当たりの平均患者数は多くなります。

1クリニック当たりの平均患者数は、次のような公式が成り立ちます。

1クリニック当たりの平均患者数＝その地域における患者数÷その地域におけるクリニック数

1クリニック当たりの平均患者数が多い地域は、開業場所に適していることになります。

図表1－3　患者が集まる立地の3条件

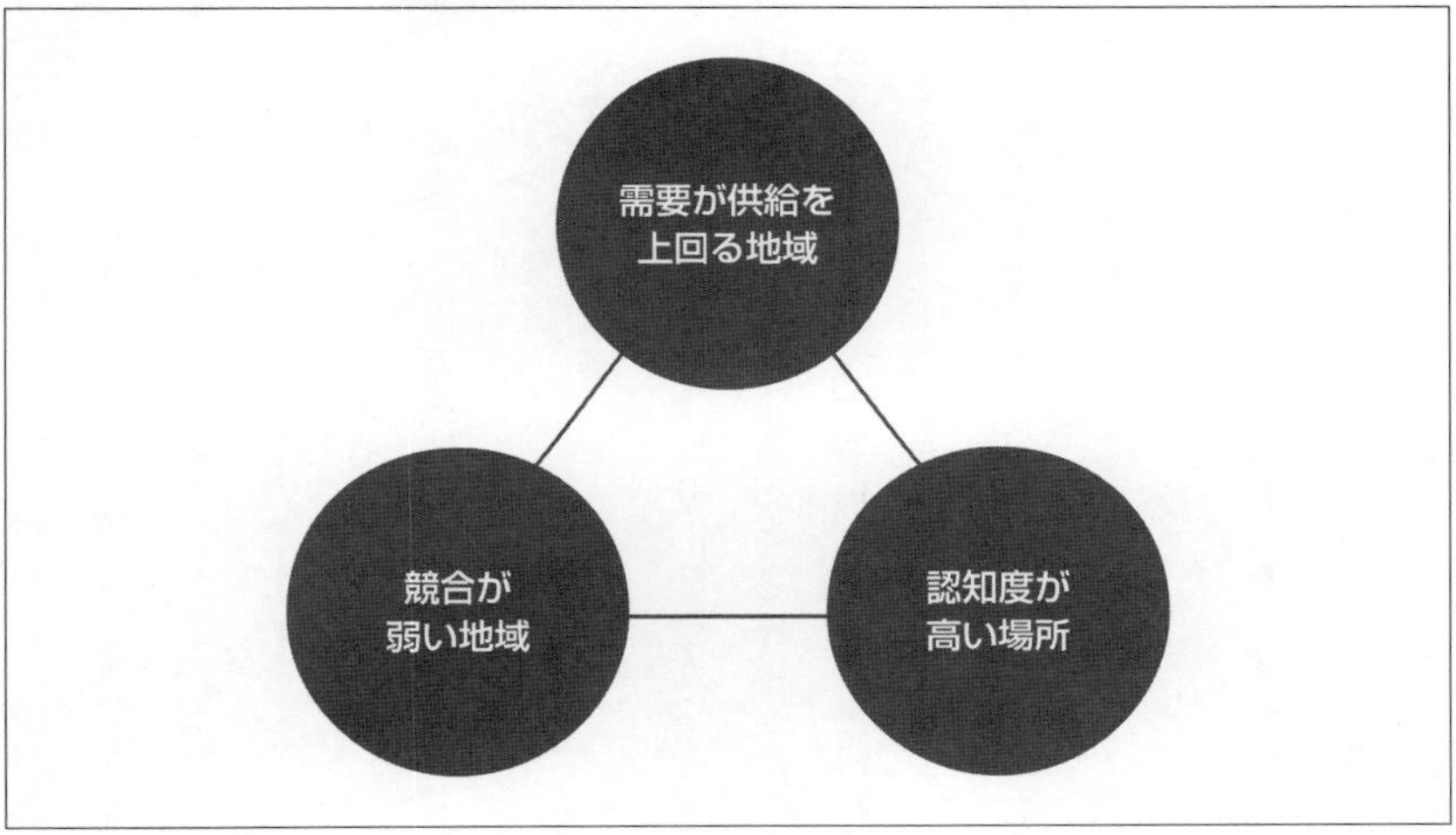

②競合が弱い地域

開業すれば、その地域にある同じ診療科のクリニックと競合することになります。競合は強いよりも弱いほうがよいでしょう。競合クリニックも「通りがかり」「ネット」「口コミ」の3つが新規患者さんの主な来院経路になります。

1日の新規患者数は、次のような公式が成り立ちます。

1日当たりの競合クリニックの新規患者数＝通りがかり経由＋ネット経由＋口コミ経由

通りがかりは、競合クリニックの前を通り、その競合クリニックの存在を知っている人がどれくらいいるかということです。当然、認知度が高い場所にある競合よりも認知度が低い場所にある競合のほうが弱いといえます。体調不良で近くの診療科のクリニックを思い出すときに、少なくとも競合よりも先により強く想起されたほうがいいのです。

ネットは、「地域名＋診療科名」「診療科名」などの検索キーワードでホームページが上位表示されているかどうかで判断します。上位表示されているよりは上位表示されていないほうが弱いといえるでしょう。高齢の開業医はネットに力を入れていないことが多く、差がつきやすい要素になります。

口コミは、実際に受診したことのある患者さんに聞くのがベストかもしれません。ネット上の口コミなども参考にすることができます。

競合の評価・分析方法については、ＳＴＥＰ４で詳述します。

③認知度が高い場所

いくら需要が供給を上回り、競合が少なくても、その地域に住んでいる人や働いている人に認知されなければ、通りがかりによる患者さんはなかなか集まりません。

飲食であれば、お腹が空いているときにたまたま飲食店の前を通りがかり、衝動的に来店することもあるでしょうが、クリニックの場合は医療という性質上、たまたま通りがかってすぐに来院することはありません。もともとそのクリニックの存在を認知していて、体調不良になったときに「あのクリニックに行こう」という目的を持って来院することがほとんどです。

本書では、「通りがかり」という表記に統一していますが、通りがかりとは、将来患者さんとなる人が徒歩や車でクリニックの前を通り、診療科名まで記憶して、体調不良になったときにそのクリニックを想起するまでの一連の流れを指すことをご留意ください。

また、クリニックに設置されている看板以外の駅看板や野立て看板にはあまり効果がないことがわかっています。体調不良になったからといって、クリニックと距離が離れている場所に設置した駅看板や野立て看板をわざわざ見に行く患者さんはいないからです。

もし効果があるのであれば、世の中は看板で溢れているはずですが、実際に見てわかる通り、広告募集中の看板が増えています。私が運営する新宿駅前クリニックにもよく広告案内のチラシが送られてきますが、費用を値下げしても広告が埋まらないのでしょう。

逆にいうと、住宅街にある駅看板がクリニックばかりなのは、それだけクリニックが利益を上げているからこそで、費用対効果が悪くても広告を出し続けることができるからです。クリニック以外の他の業種で看板がないのは、費用対効果が悪いと知っているからです。

効果がないことを知っていても、「患者数が減ったから看板を出さなくなった」と思われるのが嫌で出し続けている開業医もいます。何となく不安だからという理由で駅看板や野立て看板を出すのは止めましょう。

認知度の低い場所で開業してしまったら、あとはネットで集患するくらいしか手段が残っていませんが、ネット経由の来院にも上限があり、ネット検索の上位表示争いも年々激化しています。

認知度の高さ＝通りがかる人数×認知されやすさ

認知度の高さについては、概ね次のような公式が成り立ちます。

認知度の高さ＝通りがかる人数×認知されやすさ

認知されやすさは、クリニックが1階にあるのか、2階にあるのか、3階以上にあるのかなどの階数以外にも、目立つ看板を設置できるかどうか、間口の広さなどが影響します。

人は、日常生活のなかでクリニックの前を何度か通ることによって、そのクリニックを認知するようになります。クリニックの存在だけでなく、何科なのかも含めて認知してもらう必要があり、たとえば眼科であれば、患者さんが目の不調が起きたときに「あそこに眼科があった」と思い出してもらえるようにすることが大切です。

「○○眼科クリニック」など正式名称まで覚えてもらえたら、とてもありがたいことですが、人間の記憶力からすると、診療科名を覚えるのが限界かもしれません。泌尿器科など一般の方には馴染みのない科目であれば、「泌尿科」「泌尿器」などと記憶されることもあります。皆さんは、家の近くにある歯科クリニックの正式名称を覚えていますか？　多くの方は歯科があることは覚えていても正式名称までは記憶していないと思います。それと一緒です。単科のクリニックであれば、クリニック名に診療科名を入れるとよいでしょう。

通りがかる人数は、電車社会であれば駅近く、車社会であれば幹線道路沿いが多くなる傾向にありますが、時間帯によって変動します。1分間に何人（何台）通るかは自分でもカウントすることができます。人の流れを作り出す場所はＴＧ（トラフィックジェネレーター＝交通発生源）とも呼ばれており、そのような場所は通りがかる人数が増える傾向にあります。駅、地域住民が買い物で利用するスーパー、大型ドラッグストア、１００円ショップなどの顧客誘導施設は交通発生源となりやすく、車社会のショッピングセンターでは駐車場も交通発生源となり得ます。歩いている人や車は、横断歩道や交差点で信号待ちをしますので、横断歩道や交差点の近くはより認知されやすいといえます。

クリニックの前を通りがかる人は、性別や年齢だけでなく、近くに住んでいる人、職場が近くにあって働きに来ている人、遠方から買い物に来ている人などさまざまです。将来、患者さんになる可能性が高いのは、近くに住んでいる人や職場が近くにあって働きに来ている人で、どんなに通行量が多くても遠方から買い物に来ている人や観光客ばかりでは、将来的に患者さんになる可能性は低いでしょう。

駅近でも動線が悪ければ認知度は下がる

動線とは、人が移動する場合の経路、人の動きの流れのことをいいます。

クリニックの立地について考えるうえでの動線は、人が集まる顧客誘導施設と顧客誘導施設を結ぶ線のことです。一般的に、動線上にクリニックがあれば、より多くの人が通りがかり、認知度が高くなる傾向にあります。

逆に、駅やスーパーなどの顧客誘導施設が近くにあったとしても、動線となる道から外れた立地では、通りがかる人数が大きく変わってくることがあります。地図だけでなく現地の人通りや通行量を確認する必要があります。

また、多くの人が通りがかる動線上にあったからといって、必ずしも認知度の高い物件とは限りません。1階でも間口が狭く入り口が奥まっていたり、2階以上の空中階であったりなどして認知されにくい物件の場合は注意が必要です。

私の運営する新宿駅前クリニックは、駅近くのビル2階（広さは10坪強）で開業しました（現在は移転）。通勤時間帯には1分間に50人以上の人が通りがかりますが、通りがかりでクリニックを知り、来院した新規患者さんは1日平均2人ほどでした。

私がコンサルティングをしているクリニックでも認知されにくい空中階で開業しているクリニックは、ビル1階の前は人通りがあったとしても、通りがかりで来院される新規患者さんは非常に少なくなっています。

昼間人口と夜間人口の比較でわかること

昼間人口とは、住んでいる人の数（夜間人口）に、日中に他の地域から通勤・通学してくる人の数（流入人口）をプラスし、日中に他の地域へ通勤・通学する人の数（流出人口）をマイナスすることで算出されます。

国勢調査では通勤・通学先が集計されており、少数ではありますが、夜間に通勤・通学している人も昼間の通勤・通学にみなされて昼間人口に含んでいます。買物客や観光客などの移動は含まれていません。昼間人口が夜間人口より多い場合は、日中に流入してくる人が多いということですから、オフィスや商業施設などがあるということになります。逆に、昼間人口が夜間人口より少ない場合は、日中に流出する人が多いということですから、ベッドタウンということになります。東京都23区内は、昼間人口が夜間人口よりかなり多く、埼玉県、千葉県、神奈川県は、昼間人口が夜間人口より少なくなっています。

株式会社ディー・アイ・コンサルタンツが運営するポータルサイト「出店戦略情報局」（https://storestrategy.jp/m/）では、駅の乗降客数、半径５００メートル、１キロメートル、２キロメートル圏内の人口総数（0～14歳人口、15～64歳人口、65歳以上人口）、昼間人口などを調べることができます。

診療圏調査では本当によい立地はわからない！

診療圏調査のソフトを使用して、その地域の住民の人口や年齢のデータをもとに1日の患者数を予測しても、あまり当てになりません。物件の認知度の高さ（通りがかる人数や認知されやすさ）、ネット、口コミ、競合クリニックの評価および分析の要素が抜け落ちているからです。特にネットは差がつきやすく、マイナー科目になればなるほど当てにならない傾向にあります。ソフトによってバラツキもあります。

東京都内でいえば、都心部、23区内（都心部除く）、都下の順で診療圏調査の数値はよくなりますが、それは診療圏調査を行わなくても、誰でも予測できます。

将来、高性能なＡＩ（人工知能）が分析するようになったら、より精度が高まるのかもしれませんが、まだまだ時間がかかりそうです。

立地は将来性も含めて評価する

今後、日本の人口は減り続けていきます。すでにクリニックを受診する総患者数が減っているにもかかわらず、クリニックの数は増え続けており、将来的には競争が激化していく可能性が高いといえます。立地を将来性も含めて評価するためには、次に挙げる４つがポイントになります。

①将来的に人口が増える地域か？

その地域の将来的な人口動態は、自治体のホームページなどで確認することができます。マンション建設などの大規模再開発の計画があり、将来的に人口が増えていく地域では、医療需要も増えることが予想されますが、医療需要が増えると競合が増える確率も高くなります。逆に、人口が減っていく地域では医療需要も減ることが予想されますが、医療需要が減ると競合が増える確率は高くありません。

ちなみに、私は将来的に人口が大きく増える地域を開業場所として積極的におすすめしているわけではありません。医療需要が増えるということは競合クリニックが増える可能性が高く、不確定要素が多いからです。競合が弱い地域だと思っていたら、開業ラッシュで競合が強い地域に変貌し、ブルーオーシャンからレッドオーシャンに変わってしまうこともよくあります。

あくまで一般論ですが、30代の医師と50代の医師が開業するなら、意外かもしれませんが、前者のほうが患者さんは集まる傾向にあります。若い世代はネットとの親和性が高く、重要性を理解しています。体力があり遅くまで診療を行う傾向があるため、患者さんが集まりやすいのです。もちろん、あくまで傾向ですから、体力よりも診療力や人柄が大事なことはいうまでもありません。

②その開業場所は人気エリアか？

需要と供給のバランスが同じくらいの地域であれば、開業医にとって人気の高いエリアのほうが競合は増える確率が高いでしょうし、人気がないエリアなら競合が増える確率は低いでしょう。

③近隣に開業しやすい物件があるか？

近隣に開業しやすい物件（多くのクリニックは20坪以上50坪以下）が多ければ、競合が増える確率は高いでしょうし、物件が少なければ競合が増える確率は低いでしょう。

④競合に後継者はいるか？

競合クリニックの院長が高齢なら、後継者の有無を調べる必要があります。後継者が引き継いで、看板、内装、ホームページなどをリニューアルすると、競合の患者さんが増えて自院の患者さんが減ってしまうことがあります。

後継者がいない場合でも、第三者に承継される可能性もあります。競合クリニックが売買される価値があるのかどうかを現在の患者数などから調べるとよいでしょう。

立地の重要性を痛感した実体験

私が立地の重要性を痛感した実体験を紹介します。私の母は眼科の開業医で、1980年代のバブル景気の頃に東京都23区内の住宅街で開業しました。当時の家賃相場が高かったせいか、最初の開業場所は最寄り駅から徒歩6分くらいにあるビルの2階（30坪）でした。商店街に面してはいたものの目立つビルではなく大きな看板を設置するスペースもなかったため、通りがかる人にはなかなか認知されず、患者さんが増えるスピードはゆっくりでした。それでも徐々に患者さんが増えていって、開業から10年ほど経って拡大移転することになりました。

拡大移転した場所は、最初の開業場所から徒歩1分の距離で、最寄り駅からは徒歩7分くらいの立地にあり、商店街に面していないビルの1階（45坪）でした。コンビニ跡地で間口が広かったため、大きな看板も設置できました。その頃にはバブルが崩壊して、家賃相場が安くなっていたことも移転の要因の1つだったようです。

母は、「1階に移転してから新規患者さんが増えたのよ。患者さんから新しくできたんですかと聞かれ、すぐ近くのビルで10年間やってましたと伝えると、気づきませんでしたって言われちゃったわ。目立つ場所に引っ越して本当によかった！」と、自分のクリニックの存在が知られるようになったことをとても喜んでいました。私はその姿を今でも忘れません。

その後も母のクリニックは新規患者さんが増え続けて、商店街にある駅前徒歩1分くらいのビル1階（60坪）、またしばらくしてから、より広い1階（76坪）に移転しました。好立地の場所に移転するたびに新規患者さんが増え、よりよい場所に移転してさらに増えるという好循環を繰り返してきたのです。母は、「患者さんの人数によってヤドカリみたいに移転してきたけど、新しい場所に移転すると心機一転してより頑張れる」と話していました。拡大移転は母のモチベーションアップにつながっていたようです。

STEP

2

意外と知らない 診療科ごとに異なる来院経路

診療科別クリニック数と留意点

診療科によって患者さんの来院経路は異なり、患者さんが集まる立地の条件は変わります。まずは、各診療科を標榜しているクリニックの軒数を確認していきます。

クリニック（無床診療所）の数は全国で約10万軒あり、1つのクリニックで複数の診療科を標榜している場合もあります。ここで紹介する診療科別に見たクリニックの数は、わかりやすく解説するための目安であることをあらかじめご了承ください。

●内科

内科を主たる診療科として標榜しているクリニックは、全診療科のなかで最も多く約5万軒あります。日本国内のクリニックは約10万軒ですから、半分ほどは内科を主たる診療科として標榜していることになります。歯科クリニックは約7万軒、コンビニエンスストアは約5・5万軒、調剤薬局（保険薬局）は約6万軒あり、内科を標榜しているクリニックはコンビニエンスストアと同じくらいある計算になります。

2つ以上の診療科を標榜することも多く、住宅街であれば、内科と小児科、内科と皮膚科、オフィス街であれば、内科と皮膚科の組み合わせで開業するケースがあります。

内科の各専門領域においては、消化器内科、循環器内科、呼吸器内科などの標榜が多く、神経内科や血液内科などのクリニックはより軒数が少なくなっています。消化器内科を標榜しているクリニックのなかには内視鏡検査を行っていないところもあり、胃内視鏡検査や大腸内視鏡検査を行うかによって物件に必要な広さが異なります。呼吸器内科を専門としているクリニックのなかにはレントゲンだけでなくＣＴを導入するところもあります。

一般内科は、急性疾患である風邪、胃腸炎、インフルエンザなどの病気、咳、のどの痛み、発熱、鼻水、頭痛、腹痛、吐き気、嘔吐、下痢、便秘、めまい、動悸、息切れなどの症状、慢性疾患である高血圧、糖尿病、脂質異常症、痛風、花粉症などの病気を診療しています。精密検査や専門性の高い治療を受ける必要があれば、専門のクリニックや病院に紹介します。

クリニック名に内科だけでなく、内科の専門科目を含めるクリニックが増えています。たとえば、「ＡＢＣ内科・内視鏡クリニック」「ＡＢＣ内科・糖尿病クリニック」などです。専門科目をクリニック名に掲げると、それ以外の内科系の科目の患者さんが減ってしまうことがありますので、クリニック名を決める際は総合的に判断する必要があります。

より専門性の高い診療科をクリニック名に含める場合は、開業する地域の競合数や需要の有無を慎重に検討するべきです。また、専門性が高い診療科の場合は遠方からの来院が見込める一方、クリニックだけでなく病院が競合になることもあります。

●小児科

内科と一緒に標榜されることが多く、小児科を主たる診療科として標榜しているクリニックは約０・５万軒あります。

小児科は、ママ友同士のリアルな口コミが患者数に影響しやすい科目です。内科と一緒に標榜している場合は親が通院しているクリニックに子供を受診させることがあります。競合が小児科専門のクリニックなのか、内科中心で小児科も診療しているのかによって競合になる度合いは異なります。

市や区などの行政区の境目では、自院の行政区に住んでいない子供は公費による医療費助成を受けることができないこともありますので、確認が必要です。自院の行政区のみでしか公費による医療費助成を受けることができない場合は、できるだけ行政区の真ん中付近で開業したほうが有利になります。

●皮膚科

内科、形成外科、産婦人科、泌尿器科などと一緒に標榜されることが多く、皮膚科を主たる診療科として標榜しているクリニックは約０・５万軒です。

自院が美容皮膚科も標榜するなら、開業候補地にある美容クリニックもチェックします。小児科同様、競合が皮膚科専門のクリニックなのか、内科中心で皮膚科も診療しているのかによって競合になる度合いは異なります。

●整形外科

整形外科を主たる診療科として標榜しているクリニックは約０・７万軒です。リハビリの医療機器をどのくらい設置するかによって物件に必要な広さが異なります。

●眼科

眼科を主たる診療科として標榜しているクリニックは約0・7万軒あります。手術を行うかどうかによって物件に必要な広さが異なります。

●耳鼻咽喉科

耳鼻咽喉科を主たる診療科として標榜しているクリニックは約0・5万軒あります。耳鼻咽喉科は大人であれば内科、呼吸器内科、子供であれば小児科と競合します。競合となる耳鼻科だけでなく、小児科や内科もチェックする必要があります。

●産婦人科

産婦人科を主たる診療科として標榜しているクリニックは約0・3万軒あります。内科、小児科、皮膚科、美容皮膚科、泌尿器科などと一緒に標榜する場合と、レディースクリニックとして産婦人科、婦人科のみを診療する場合があります。

●泌尿器科

内科、産婦人科と一緒に標榜されることが多く、泌尿器科を主たる診療科として標榜しているクリニックは約0・2万軒あります。高齢化の進展により、泌尿器科単科で開業するケースが増えています。ネットの普及により、患者さんがネットで調べて泌尿器科クリニックを探すことができるようになりました。

●精神科

心療内科とともに標榜されることがほとんどで、精神科を主たる診療科として標榜しているクリニックは約0・3万軒あります。科目の性質上、リアルの口コミが発生しにくく、患者さんはネットで調べて精神科クリニックを探しています。

診療科によって通りがかりとネットの重要度は違う

患者さんの来院経路は診療科によって異なります。大雑把ではありますが、診療科によって、「通りがかり中心」「通りがかりとネット両方」「ネット中心」の3つに分けることができます（**図表2－1**）。そして、それぞれで通りがかりとネットの重要度は異なります。軒数が少ない診療科ほど通りがかりで認知されにくく、ネット経由で来院する患者さんの割合が増える傾向にあります。そして、ネット経由による来院が見込まれるマイナーな診療科ほど診療圏は広くなります（**図表2－2**）。

①一般内科は通りがかり中心

通りがかり中心の診療科は、最もメジャーな科目である一般内科が該当します。一般内科はクリニックの数が多いことから、患者さんは自宅や職場近くにある内科のクリニックを認知しており、ネットで探さない傾向があります。もちろん、ネット経由の来院もありますが、その地域に住んでいる人や働いている

図表２－１　診療科別に見た来院経路

分類	診療科名	来院経路
メジャー科目	一般内科	通りがかり中心
マイナー科目	小児科、一般皮膚科、整形外科、眼科、耳鼻咽喉科など	通りがかりとネット両方
超マイナー科目	産婦人科、泌尿器科、精神科、美容皮膚科など	ネット中心

図表２－２　診療科別に見た診療圏のイメージ

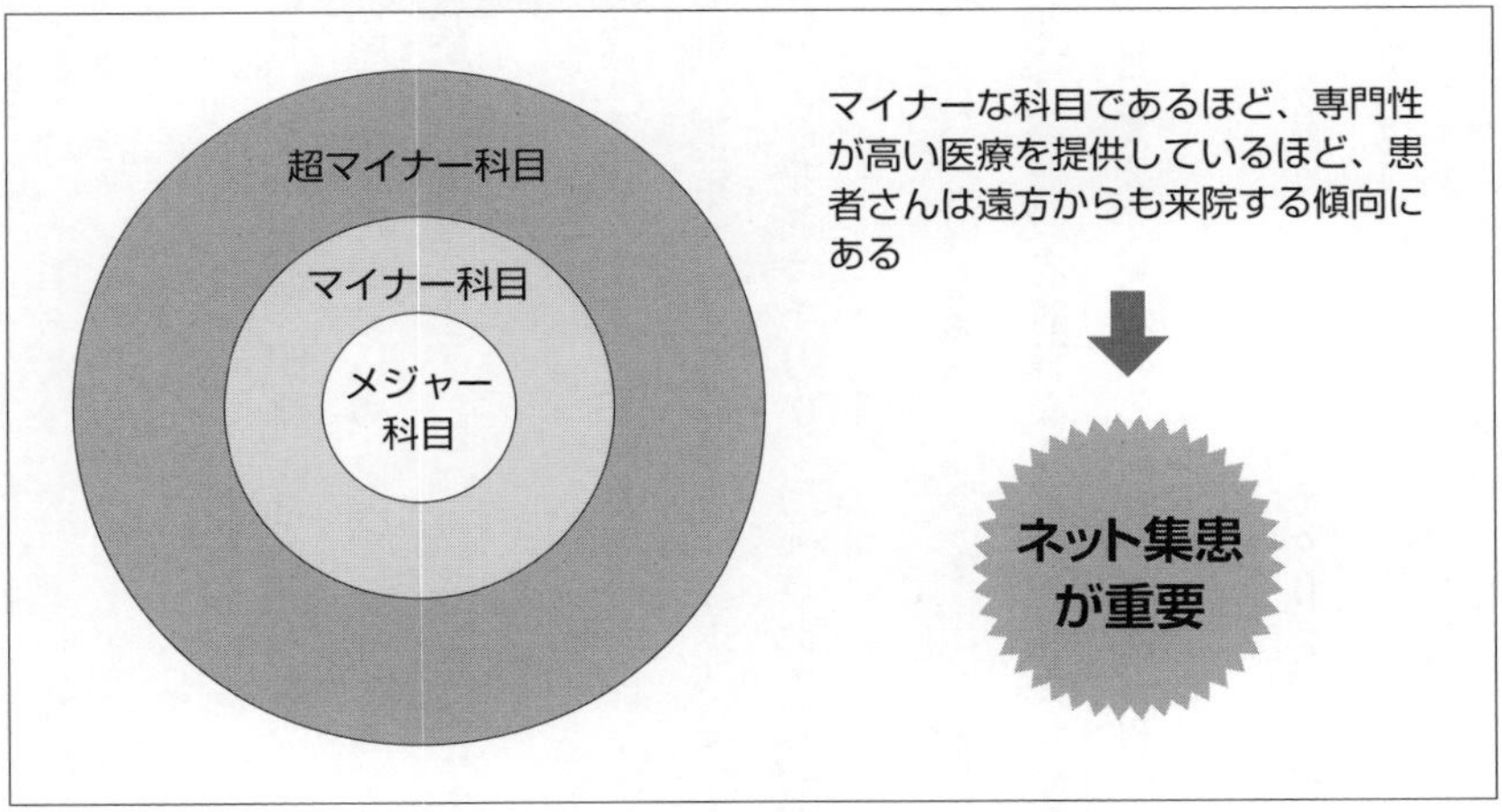

人に限られます。

②マイナー科目は通りがかりとネット両方

通りがかりとネット両方の診療科は、小児科、一般皮膚科、整形外科、眼科、耳鼻咽喉科などのマイナー科目が該当します。マイナー科目は通りがかりとネット両方で来院が見込める開業場所を選ぶ必要があります。なお、本書におけるマイナー科目は、病院内で一般的に使用されている定義とは異なりますので、ご留意ください。

これらの診療科を主たる診療科としているクリニックの数は約0・5～1万軒前後（内科の10分の1～5分の1ほど）です。ちなみに、マクドナルドは0・3万軒、携帯キャリアショップ（ドコモ、ソフトバンク、ａｕの合計）は0・8万軒ありますので、マクドナルドや携帯キャリアショップの近くが開業場所の指標になるという考え方もあります。

他のマイナー科目がその地域にどれくらいあるかを調べると、医療需要の目安になることがあります。患者さんの年齢層は考慮に入れる必要がありますが、たとえば、一般皮膚科なら耳鼻咽喉科がその地域に何軒あるかを確認して、耳鼻咽喉科よりも軒数が少ない場合は需要が見込めるなど、判断材料の1つにすることができます。

通りがかりとネット両方に該当する診療科でネット経由の来院がほぼないというクリニックは、ホームページに問題がある可能性が高く、精査することをおすすめします。

③超マイナー科目はネット中心

ネット中心の診療科は、産婦人科、泌尿器科、精神科、美容皮膚科などの超マイナー科目が該当します。不妊治療、下肢静脈瘤、乳腺外科などのクリニックであれば、超マイナー科目よりもクリニック数が極端に少なく、超超マイナーな科目になります。これらを主たる診療科としているクリニックの数は０・５万軒以下です。数が少ないことから患者さんの多くはネットでクリニックを探します。近隣だけでなく、より遠方からの来院が期待できます。

私が運営する新宿駅前クリニックは、内科、皮膚科、泌尿器科を標榜しています。ビジネス街のある新宿駅近くという立地のため、来院経路は通りがかりではなく、ネット中心です。そして、患者さんは近隣に住んでいる人だけではありません。内科は半径５００メートル前後以内で働いている人、皮膚科は半径1キロメートル前後以内で働いている人を中心に隣駅や新宿駅経由で東京都心などに電車通勤している人、泌尿器科は半径1キロメートル前後以内で働いている人だけでなく、新宿区以外にお住まいの人、新宿駅経由で東京都心などに電車通勤している人です。

専門性の高い医療を提供すると診療圏が広くなる

ここまで診療科ごとの来院経路について説明してきましたが、正確には同じ診療科であっても対象としている疾患、実施できる検査、高度な医療設備の有無、提供している診療内容などによって、患者さんの来院経路は異なります。

一般内科であれば、風邪やインフルエンザは近隣のみからの来院でしょうが、糖尿病内科を標榜していて専門的な医療を提供していると、ホームページを見た患者さんが遠方から来院することがあります。消化器内科を専門としていて胃や大腸の内視鏡検査を実施していたり、眼科で白内障手術を実施していたりする場合も同様です。

遠方から来院する患者さんを増やすためには、提供している専門性の高い医療についてホームページ上で詳細に解説し、グーグル検索で上位表示されるようにするなど、SEO対策が必要になります。

また、前述したようにネットでクリニックを探して来院される方は、クリニックに対する期待が高い傾向にあります。通りがかりで認知して来院される方よりも病気に対する悩みが深く、複数のクリニックのホームページや口コミなどをじっくり見て、慎重に比較検討して来院するからです。

▼開業候補地の月間検索回数は必ず把握する

どの診療科であっても、「(開業候補地の)地域名+診療科名」「診療科名+(開業候補地の)地域名」の月間検索回数を把握しておくべきです。その地域における診療科の需要(探している人の数)がどれくらいあるのかがわかります(**図表2-3**)。なぜ、「地域名」と「診療科名」の順番を逆にして調べる必要

図表2－3　診療科別に見たネット集患の重要度

分類／検索ワード	地域名＋診療科名	疾患名
メジャー科目	中	低
マイナー科目	高	中
超マイナー科目	高	高

があるのかというと、別々のキーワードとして認識されているからです。

月間検索回数は、「グーグルキーワードプランナー」などのツールで調べることができます。「グーグルキーワードプランナー」とは、グーグル広告のなかで提供されているサービスの1つで、グーグルが集めた検索に関するデータを活用して、コンテンツ作成や広告配信のためのキーワードを見つけたり、キーワードごとの月間検索回数を確認したりすることができます。グーグル広告を配信している状態であれば、エキスパートモードにて検索回数の詳細まで調べることができます。「ウーバーサジェスト」も同じように検索回数を知ることができます。

月間検索回数を調べると、「予想していたほど検索回数が多くなかった」「予想外に検索回数が多かった」ということはよくあります。特にネット経由の来院が見込まれるマイナー科目や超マイナー科目では、開業候補地の月間検索回数は重要な指標になります。

超マイナー科目は「疾患名」で上位表示を目指す

超マイナー科目はネット経由の集患が重要となることから、「(開業候補地の)

地域名＋診療科名」などのキーワード検索で上位表示されるだけでなく、「疾患名」や「疾患名＋○○（症状・原因・検査・治療など）」でも上位表示を目指すべきです。

「疾患名」や「疾患名＋○○」などのキーワードで上位表示されるとホームページの閲覧数が増え、患者さんはホームページの内容や口コミを見て来院します。上位表示されているホームページと上位表示されていないホームページでは閲覧数が大きく異なります。グーグルやヤフーの検索連動型広告も「疾患名」や「疾患名＋○○」などのキーワードで出すことも選択肢です。超マイナー科目はより広範囲から患者さんが集まるため、競合は最寄り駅や同じ市にあるクリニックだけではないことに注意する必要があります。

ホームページを上位表示させるためには、上位表示されやすい文章や図を作成してホームページ上に掲載する必要があります。

一般内科だけの標榜はこれから厳しくなる？

一般内科は通りがかりで認知され、近隣からの来院が多いことから、ネット集患がより効果的なマイナー科目や超マイナー科目よりも競合との差がつきにくい傾向にあります。都市部にある比較的大きな駅で東口と西口に内科のクリニックが1つずつある場合は、東口に住んでいる人は東口のクリニックへ、西口に住んでいる人は西口のクリニックへ行きます。実際、私がコンサルティングをしてきたなかで見ても、患者さんを数多く集めているクリニックは一般内科ではなく、マイナー科目や超マイナー科目であることがほとんどです。

住宅街にある一般内科は新規患者さんの割合が10％ほどです。生活習慣病などの慢性疾患を抱える患者さんの割合も高く、これからオンライン診療やリフィル処方せんが普及していくと、他の診療科より影響を受けやすいと言われています。

これから一般内科で開業するのであれば、医療需要が見込める診療科も合わせて標榜すると、経営の安定化につながるでしょう。

STEP

3

電車社会と車社会で変わる繁盛する立地

交通手段で変わる診療圏の考え方

クリニック開業における好立地の条件は、「電車社会（主に徒歩で来院）」と「車社会（主に車で来院）」で大きく異なります。

電車社会では、人が最も集まる駅を中心とした「円」の範囲が開業候補地になります。一般的に駅の中心に近いほど人が集まりやすく、家賃も高くなる傾向になります（**図表3−1**）。

車社会では、車が最も集まる幹線道路沿いを中心とした「線」の範囲が開業候補地になります。交通量が多い幹線道路沿いほど利便性がよく、家賃も高くなる傾向になります（**図表3−2**）。

患者さんの多くは、次のような理由から自宅や職場近くのクリニックを選びます。

・体調不良で移動にあまり時間をかけたくない
・何度も通うことになるため、近いほうが通いやすくて便利
・近いほうが歩き慣れている、運転慣れしている

風邪気味で一般内科を探している場合、患者さんは自宅・職場から徒歩や車で5〜10分以内の場所にあるクリニックを探します。わざわざ電車に乗ったり、車を30分以上運転したりして、遠くのクリニックを選ぶ人はまずいないでしょう。

診療圏の目安は、電車社会であれば、クリニックを中心とした半径５００メートルから1キロメートル以内（おおよそ徒歩で5分から10分前後）です。車社会であれば、半径２キロメートルから４キロメート

図表3－1　電車社会の開業候補地

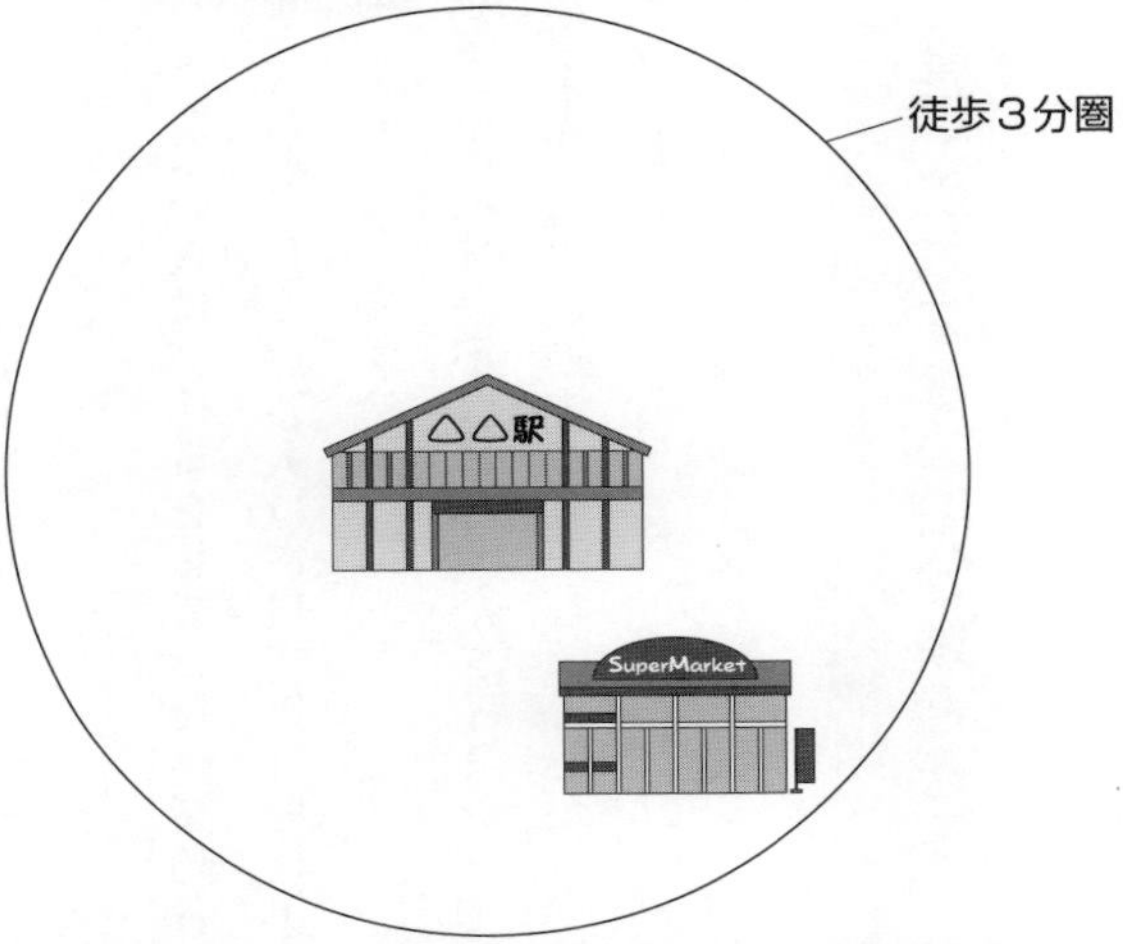

駅から徒歩3分圏が理想。スーパーなど顧客誘導施設が近くにあると認知されやすい。

図表3－2　車社会の開業候補地

Aショッピングモール内またはショッピングモールのそば、幹線道路沿いにあるB大型スーパーの隣やC角地（充分な駐車スペースが必要）が候補。一方、Dのような交通量が少ない道路は認知されにくいため、あまりおすすめできない。

ル以内（おおよそ車で5分から10分前後）になります。また、電車社会と車社会の中間では自転車で来院される方もいて、自転車の場合、1分で移動できる距離は約２００メートルです。なお、不動産の物件表示における所要時間は、徒歩1分が80メートル、車1分が４００メートルに相当するものとして計算します。これは直線距離ではなく、道路に沿って測定した距離（道路距離）をもとにしています。

患者さんは、「通勤（通学を含む）していない人」と「通勤している人」に分けることができます。通勤していない人は、仕事をしていない高齢者や主婦、自宅で仕事をしている人で、自宅周辺が生活圏になります。通勤している人は、自宅以外で仕事をしている人や学生で、多くの場合、9～17時頃の時間帯は職場や学校にいます。

患者さんは体調不良になったタイミングでクリニック探しを始めますが、少しくらいの体調不良であれば仕事を休まず通勤する人が多いことから、職場近くでクリニックを探している人は比較的症状が軽い傾向にあります。

▼電車社会は3つに分類できる

電車社会という言葉に明確な定義はありません。電車社会とは、スーパーやコンビニなどへ買い物に行く際に歩いていく人が多く、遠くに行く移動手段は車でなく電車を使う地域のことです。東京23区内、大阪府や神奈川県などの人口密度が高い地域、地方都市の一部などが該当します。

電車社会は、住宅街、オフィス街、商業エリアの3つに分類することができます。明確に3つに分かれるわけではなく、住宅街とオフィス街、オフィス街と商業エリアが混在している地域もあります。それぞれの場所を歩いている人は、住宅街であれば住んでいる人、オフィス街であれば働いている人、商業エリアであれば働いている人が患者さんの中心になります。それぞれの特徴は次のようになります。

①住宅街

住宅街にある駅の周辺にはスーパー、大型ドラッグストア、ファーストフード店、100円ショップなどがあり、クリニック前の道路は近くに住んでいる人が通りがかりやすい場所です。スーパーは生活に必要な物が揃っており、平均すると1人当たり週2～3回はスーパーに来店するとされています。

②オフィス街

オフィス街の駅周辺には高層ビルなどがあり、高層ビル内のテナントとしてクリニックが入居していることも少なくありません。クリニック前の道路は近くで働いている人が通りがかりやすい場所です。大規模なオフィス街（東京都内では東京駅、新宿駅西口、品川駅、新橋駅など）では、飲食店や商業施設などの店舗で働いている人も通りがかります。

③商業エリア

複数の路線が乗り入れている駅の周辺にはショッピングセンター、家電量販店、デパートなどがあり、近くで働いている人や遠方から電車に乗ってきた買い物客、観光客が通りがかりやすい場所です。東京都内では、新宿駅東口、渋谷駅、池袋駅、銀座駅、秋葉原駅、上野駅、立川駅、町田駅などが該当します。

東京都内は競争度合いで3つの地域に分類できる

東京都内はクリニックの競争度合いにより、都心、東京23区（都心除く）、都下の３つの地域に分類することができます。イメージとしては、都心、東京23区（都心を除く）、都下＝神奈川県、埼玉県、千葉県の順にクリニック間の競争が激しくなっています。

①都心

千代田区、中央区、港区、渋谷区、新宿区、文京区は「都心６区」と呼ばれています。これら６区のうち、文京区を除いた５区を「都心５区」、さらに、渋谷区、新宿区を除いた３区を「都心３区」と呼ぶこともあります。

都心は、商業エリア、オフィス街、住宅街が混在しており、家賃や人件費が高くクリニック数も多くなっています。クリニック間の競争がもっとも激しい地域です。

②東京23区（都心を除く）

東京23区のうち都心6区を除いた17区は都心の外側にある地域で、主に住宅街がある電車社会になります。都心の次に競争が激しい地域です。

③都下

より外側にある都下（東京23区外）は住宅街があり、駅周辺は電車社会、駅から離れた場所は車社会に分かれています（地域によっては完全に車社会であることもあります）。都内では最も競争が激しくない地域です。

最寄り駅まで10～15分以上の距離に住んでいる人は、自転車やバスを利用することもあります。神奈川県、埼玉県、千葉県の人口密度の高い一部の駅を除いた大部分は都下に近い傾向があります。

都心から離れるほど1クリニック当たりの患者数は増える

東京都内では、特に山手線路線図の下半分（新宿駅から東京駅くらいまで）の地域が開業人気エリアになっています。人気エリアほど1クリニック当たりの患者数が減少し、物件の賃料や人件費が高くなることから採算が取りにくくなります。なぜ賃料や人件費が高い都心が開業場所として人気があるのか。私は疑問でした。

都心は利便性が高く住む場所としても人気です。都心のマンションや戸建ては高収入の人や資産家しか住めませんが、医師は高収入であるため、住むことが可能です。実際に多くの医師が都心に住んでいます。そうなると、都心の自宅から通いやすい場所に開業することになり、通勤時間が短い都心部に近いほど開業しやすく、通勤時間が長い都心部から離れるほど開業しにくくなります。

基本的に都心から離れるほど競争が緩やかになり、1クリニック当たりの患者数は増えます。神奈川県、埼玉県、千葉県でも、都内に近いところよりは遠いところのほうが1クリニック当たりの患者数は増えます。東京都と神奈川県、埼玉県、千葉県の人口1万人当たりのクリニック数を比較すると、大きく異なることがわかります（**図表3－3**）。

駅は、単一路線の駅よりも複数の路線が乗り入れている駅のほうがより多くの患者さんが来院しやすくなります。マイナー科目になればなるほど、遠方から来院する患者さんが多くなる傾向にあり、乗り入れている路線が多ければ広範囲からの来院が見込めます（**図表3－4**）。

駅と駅との距離が近いと診療圏が分断される

前述したように、電車社会ではクリニックを中心とした半径500メートルから1キロメートル以内が診療圏の目安になります。自院のある駅と隣駅との距離が近い場合は、駅ごとに診療圏が分断されてしまうことがあります。駅と駅のちょうど中間あたりに住んでいる人は、距離が近い最寄り駅へ行くため、自

図表3－3　関東１都３県の人口当たりクリニック数

1都3県	人口（人）	クリニック数（軒）	人口1万人当たりクリニック数（軒）
東京都	1,350万	1万2,000	8.64
神奈川県	910万	6,000	6.58
埼玉県	730万	3,700	5.13
千葉県	620万	3,200	5.22

出典：病院数データ.com（http://hospital-date.com/sitemap）掲載データをもとに作成

図表3－4　東京都内の主要ターミナル駅（新宿、渋谷、池袋）にアクセスのよい路線

●新宿、渋谷、池袋駅
・山手線
・埼京線
・湘南新宿ライン

●新宿駅
・中央・総武線
・小田急線
・京王線
・京王新線
・西武新宿線
・丸ノ内線
・大江戸線
・都営新宿線

●渋谷駅
・東急東横線
・副都心線
・東急田園都市線
・半蔵門線
・銀座線
・京王井の頭線

●池袋駅
・東武東上線
・西武池袋線
・有楽町線
・副都心線
・丸ノ内線

※細かい路線は省略

院の半径500メートルから1キロメートル以内に住んでいたとしても最寄り駅のクリニックを受診する可能性が高くなるからです。

また、普段から最寄り駅よりも少し距離のある隣駅のほうを利用していることが多い場合（隣駅に急行が停車する、隣駅は商業施設が充実しているなどの理由から）は、隣駅のクリニックを受診することもあります。診療圏調査は診療圏内の人口や人口特性、受療率、競合の数だけでなく、人の流れもしっかりと確認することが大事です。

電車社会で患者が集まる立地とは？

電車社会では、需要が供給を上回り、競合が弱い地域を狙うのが基本的な考え方になります。しかし、東京23区内などであれば、競合がまったくない地域を探すのは難しいでしょう。そうした場合は、需要が供給を上回る地域であることが前提にはなりますが、たとえば、駅の西口と東口の規模が同じくらいで西口に競合が1つある地域では、東口での開業を検討します。

なお、需要が供給を上回る地域で競合がいないような空白地であれば、どの場所を選んでもいいわけではありません。将来的に競合が開業する可能性があるため、できるだけ好立地を選ぶようにします。

私は、開業志望の医師に「（電車社会では）どのような立地条件がいいか？」と聞かれた場合、「駅から徒歩3分以内の距離で認知度が高い1階がいい」と答えています。坪当たりの賃料が高くても、通りがかる人数が多く認知されやすい傾向にあるからです。

当然、駅から近くても通りがかる人が少ない、通りがかる人が将来的に患者さんになり得えない人ばかりだったら、好立地とは言えません。賃料が高くても悪い立地はありますので、家賃が高い＝よい物件ではないことにも注意しましょう。前のテナントがどんな業種だったのかも参考にしながら、クリニックに適している立地かどうかを慎重に検討します。

ファーストフード、牛丼屋、定食屋、カフェ、ドラッグストア、携帯キャリアなどの大手チェーンは、立地調査の専門家が評価して採算が取れると判断した場所で営業しています。内科、小児科、皮膚科、耳鼻咽喉科、眼科、整形外科であれば、大手チェーンの大型ドラッグストアや携帯キャリアの近くが開業候補地の目安になるでしょう。ちなみに、コンビニエンスストアは軒数が多いので、クリニックの立地としてはあまり参考になりません。

クリニックは1階で開業したほうがいい理由

同じビルでも1階と2階、3階では、認知されやすさが異なります。自宅近くの駅前にある1階のコンビニの上層階にどのようなお店が入っているかを覚えていますか？　覚えていない人のほうが多いと思います。

当然、2階と3階よりは1階のほうが家賃は高くなりますが、家賃差を考えたとしても、1階で開業し

図表3－5 階数別で見る新規患者の売上差額

1階で開業

10人×20日（1か月の診療日）＝200人
200人×5,000円＝100万円

2階で開業

3人×20日（1か月の診療日）＝60人
60人×5,000円＝30万円

3階で開業

1人×20日（1か月の診療日）＝20人
20人×5,000円＝10万円

階数別の認知度

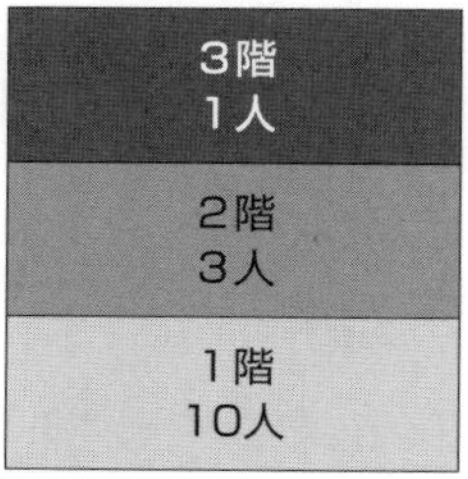

※1階を10人が認知した場合

1か月の売上は1階と2階で70万円、1階と3階で90万円の差が出る！

たほうがいいと私は考えています。それは次のような理由からです。

一般的なビルの場合、1階にあるクリニックを10人が認知したとすると、2階は3人程度、3階以上の上層階は1人程度にまで下がるといわれています。仮に新規患者さん1人当たりの単価を5000円とすると、**図表3－5**のようになります。

数字はあくまで目安です。また、リピートや口コミで新規患者さんが増えること、ネット集患による影響は考慮に入れていないことにご留意ください。家賃差を考慮しても、1階がいかに有利であるかはおわかりいただけると思います。

一方、例外もあります。新宿、渋谷、池袋などのターミナル駅前の1階は家賃が高額になりすぎるため、通りがかりである程度の患者増が見込めたとしても避けたほうが無難です。こうした巨大ターミナル駅では、徒歩3分以内のビル2階以上が候補になります。ちなみに、私が経営する新宿駅前クリニックが入居している新宿駅徒歩1～2分ほどのビルは、1階が坪単価8万円前後、2階以上は坪単価3万円前後になっています。

電車社会で苦戦しやすい立地もあります。単一路線の駅で徒歩3分以上の空中階、複数の路線が乗り入れている規模の大きな駅で徒歩5分以上の空中階にあるクリニックは認知されにくく、苦戦しやすい傾向にあるようです。駅から遠い場所は、電車を利用して来院する人にも敬遠されがちです。また、集患面だけでなく、スタッフの採用面においても不利になります。

クリニックは家賃の高い場所で開業する時代へ

開業志望の医師から開業場所について相談を受ける際、家賃が高くても認知度の高い1階がいいとお伝えしても、「高い家賃を払い続けられるかが心配」という声をよくいただきます。開業にあたり、家賃が高い物件は「不安」、家賃が普通の物件は「安心」という心理はよくわかりますが、本当にそうなのでしょうか？　冷静に判断する必要があります。

確かに、家賃が高い場所＝開業に向いている場所とは限らず、総合的なバランスが大事になりますが、私は通りがかりで新規患者さんが集まる立地の物件であれば、家賃が高くても「安心」ですし、逆に、新規患者さんが集まらない立地の物件であれば、家賃が普通でも「不安」です。

物件の広さや駅からの距離が同じで、通りがかる人の認知度が異なるAとBのクリニックがあったとします。Aクリニックの1か月の利益は100万円、Bクリニックの1か月の利益は70万円の場合、損益分岐点で考えると、Aクリニックの家賃はBクリニックの家賃より月30万円までは高くてもいいということになります。

競争が激しくない地域において、家賃が高く認知度が高い場所は、通りがかりでより多くの患者さんが集まりますし、家賃が普通で認知度が普通の場所は、普通に患者さんが集まります。

しかし、競争が激しい地域において、家賃が高く認知度が高い場所は、通りがかりで普通に患者さんが集まりますが、家賃が普通で認知度が普通の場所は、あまり患者さんが集まりません。競争が激しい地域ほど、家賃が高く認知度の高い場所で開業する必要性が出てくるのです。

現在、歯科では土日や夜遅くまで診療しているクリニックが駅前1階の好立地で開業しており、今後、医科でも同じことが起こる可能性が高いと私は考えています。競争が激しくなれば、家賃が高いところ中心にしか患者さんは集まらなくなり、その分、クリニックの利益は減少します。こうした状況は、通りがかりでは貸し主である店舗物件のオーナーに、ネットではグーグルやSEO対策会社に搾取されているという見方もできます。クリニック経営は価値のある空間や検索サービスに頼らざるを得なくなるということです。

家賃の高い好立地で開業すれば、将来的にチェーンクリニックやネットに強いクリニックが近隣に開業しても、立地の優位性で影響を受けにくくなります。クリニックは開業したら移転しないことがほとんどです。家賃相場が高い駅前1階をはじめから除外するのはもったいないことです。

坪単価1万円の家賃差は新規患者が1日1人増えると採算が取れる？

新規患者さんが通りがかりなどで来院した場合、リピートすることがあるため、新規患者さん１人が来院したことによる売上は、次のような公式が成り立ちます。

新規患者1人が来院したことによる売上＝1回受診当たりの平均単価×平均来院回数

つまり、１回受診当たりの平均単価を３０００円、平均来院回数を５回とすると、売上は１万５０００円になります。

30坪で坪１万円と坪２万円では家賃差は月30万円になりますが、立地の優位性により売上１万５０００円の新規患者さんを１診療日当たり１人増やすことができれば、採算が取れることになります（診療日が月20日以上で売上30万円）。

家賃と同じく人件費も毎月かかってきます。開業当初は、看護師を雇用せず自分で採血すれば、看護師の年間人件費の約５００万円、２人雇用するなら年間人件費の約１０００万円を浮かすことができます。看護師にできて医師にできないことは少ないでしょう。医療事務も同様に２人もしくは３人の最小人数から始めたほうが人件費を抑えることができます。

私は坪当たりの家賃が高い場所での開業を躊躇するのに、開業当初からの看護師の雇用に抵抗がないことが不思議で仕方ありません。開業当初はどのクリニックも患者さんが少ないわけですから、患者さんが増え、経営が安定してからスタッフを増やしたほうが合理的です。看護師がいたからといって患者さんが増えるわけではありません。

特にクリニック激戦区は、家賃が高い場所で開業して患者さんが増えてからスタッフを増やすほうがよいと考えています。

車社会は3つに分類できる

車社会に明確な定義はありません。車社会とは、スーパーやコンビニなどへ買い物に行く際に車を利用する人が多く、遠くに行く移動手段は電車ではなく車を使う地域のことです。電車社会（東京23区内、大阪府の一部、地方の中核都市など）以外が該当します。診療圏の目安は半径2キロメートルから4キロメートル以内（おおよそ車で5分から10分前後）です。

車社会では、駅は人が集まりやすい場所とは限りません。駅前に競合となるクリニックがある場合は、駅前から離れた場所で開業したほうがよいこともあります。近くに住んでいる人が集まるスーパーが駅前にあるのか、ロードサイド（幹線道路沿い）にあるのかも目安になります。

車社会は、ロードサイド、大型スーパーやショッピングセンターの隣、ショッピングセンター内の3つに分類することができます。ロードサイドで大型スーパーやショッピングセンターの隣といった2つの要素が重なる場所もあります。それぞれの特徴や注意点は次の通りです。

①ロードサイド

ロードサイドは幹線道路沿いとも呼ばれます。片側1車線と片側2車線、片側3車線では交通量が大きく異なり、飲食店やスーパー、大型ドラッグストア、100円ショップ、大手携帯ショップなどが出店していれば、人が集まりやすいロードサイドであることがわかります。

集患力は、近くに住んでいる人が多く通る生活道路なのか、あまり通らない産業道路なのかによっても変わってきます。将来、患者さんになり得る確率が高いのは、半径2～4キロメートル以内に住んでいる人です。ロードサイドのファーストフード店などを利用する人は、近くに住んでいる人とは限らず、来店客がどこから来ているのかを分析する必要があります。

車が右折できない中央分離帯の有無、看板が認知されにくくなる街路樹や標識の有無、ロードサイドから駐車場への入りやすさなども影響します。駐車場はどれくらいの広さを確保できるのかも重要です。

②スーパーやショッピングセンターの隣

スーパーは半径2～4キロメートル以内に住んでいる人が車で通りがかりやすい場所です。スーパーには生活に必要な物が揃っており、平均すると1人当たり週2～3回は来店すると言われています。スーパーは規模（大型、中型、小型）によって来店者数が異なり、一般的に床面積が増えるほど、より遠方から来店します。

ショッピングセンターには、大型スーパーをはじめ専門店などが出店しており、近くに住んでいる人だけでなく、より広範囲の地域から買い物客が来店します。規模の大きなショッピングセンターほど遠くから来店します。

ショッピングセンターに車を駐車→クリニックを受診→処方せんを持ってショッピングセンター内の調剤薬局へ→ショッピングセンターに駐車した車に戻るという流れになることから、調剤薬局の位置やショッピングセンターの入り口の位置などもチェックする必要があります。

ショッピングセンターの隣で開業する場合は、ショッピングセンター内に競合クリニックが入居したり、医療モールができたりする可能性があることに留意しておく必要があります。

③ショッピングセンター内

ショッピングセンターの隣に関する要素以外に、テナントの位置が重要になります。同じショッピングセンター内でも、人が集まりにくい場所とそうではない場所があり、認知されやすさに差が出ます。人が集まりやすい場所としては、メインの出入り口、駐車場からの出入り口、エレベーターやエスカレーターの近く、スーパーや人気テナントの近くなどが挙げられます。駅近のショッピングセンター以外は、車で来店する方が多いため、来店者は駐車場から近い入口を利用します。

ショッピングセンター内にテナントとして入居すると、**図表3－6**のようなメリットがあります。ちなみに、電車社会ではショッピングセンター内よりも駅近くの1階のほうが認知度は高い傾向があります。そのため、電車社会にあるショッピングセンターでの開業はおすすめしません。

図表3－6　ショッピングセンター内で開業するメリット・デメリット

●メリット

ワンストップで済む	スーパーの買い物帰りにクリニックに寄ってもらうなど、ワンストップで済ませることができ、利便性があります。ショッピングセンター内に調剤薬局があれば、薬を準備するまでの待ち時間に買い物に行けます。
従業員も受診してもらえる	ショッピングセンターで働いている従業員に受診してもらえることがあります。
ショッピングセンター内に競合ができない	基本的に一業種一店舗のため、ショッピングセンター内には競合ができません。ただし、ショッピングセンターの隣にクリニックや医療モールができる可能性があるため、計画や候補となる土地があるかどうかを確認する必要があります。

●デメリット

内装工事の費用が高いことも	内装会社の指定があると、工事費用が高くなることがあります。
日曜日や祝日も診療しなくてはいけないことも	ショッピングセンターには土曜日、日曜日、祝日に、より多くの人が来店するため、ショッピングセンターとの契約で日曜日、祝日も診療しなくてはいけないことがあります。
家賃が高めのことも	共益費や駐車場の負担があるため、ロードサイドの物件と比べて家賃が高くなることがあります。

車社会で繁盛する立地とは？

私は、開業志望の医師に「(車社会では) どのような立地条件がいいのか？」と聞かれた場合、「大手チェーン店が立ち並ぶロードサイド、大型スーパーやショッピングセンターの隣、ショッピングセンター内の認知度の高い場所がいい」と答えています。坪当たりの家賃が高くても、通りがかる車や人の数が多くクリニックの存在が認知されやすいからです

開業候補地のロードサイドに大手チェーン店などが出店しているかどうかが基準になります。立地調査の

専門家が評価して採算が取れると判断した場所だからです。

とはいえ、車社会は地方であることが多く、競争が激しくないため、立地がよくないクリニックでも、多くの患者さんが来院されるケースがあります。どの立地でもある程度、患者さんが来院されるのであれば、「できるだけ家賃が安いところがいいのでは?」と考える方も少なくありません。

しかし、私は車社会であっても認知度が低く家賃が安い立地よりも、認知度が高く家賃が高い立地で開業したほうがよいと考えています。認知度の高い立地であれば、より多くの患者さんの来院が見込めますし、患者さんが多ければ、自分の診療したい疾患や得意分野に対象を絞ることもできます。また、好立地のほうが、競合が近くで開業する確率を下げることができます。

一般的に、車社会では電車社会と比較して、坪当たりの家賃が安くなります。しかし、駐車場のスペースが必要になることから、合計家賃は車社会のほうが高くなることもあります。

一方、車社会で苦戦しやすいのは、**図表3-7**に挙げる立地です。

医療モールで開業すべきか

開業場所を探していると、必ずコンサルタントから勧められるのが医療モールです。各科専門の医師が1つのビルフロアや建物内に集まります。ワンストップで診療を受けることができることから、患者さんにとっても魅力的です。医療モールには、**図表3-8**のようなメリット・デメリットがあります。

図表3－7　車社会で苦戦しやすい立地

交通量の少ないロードサイド	交通量の少ないロードサイドで開業すると、多くの人に認知されません。あまりにも認知されず、車社会なのに徒歩圏の患者さんしか来院されないクリニックもあります。
駐車場が近くにない	クリニックの近くに駐車場が確保できない場合は、患者さんにある程度の距離を歩いてもらわなければならず、競合と比較検討された際に選ばれにくくなります。駐車場は駐車台数や駐車しやすさも重要で、リピート率に影響します。適切な広さの駐車場を確保できない場合は、近隣の駐車場と提携して割引券や１時間無料券を渡すこともあります。
乗降客数の少ない寂れた駅前	おおよその目安として、１日の乗降客数が２万人以下の駅、駐車スペースが確保しにくく交通量が少ない駅の近くでは、駅前という理由で開業する意味がないかもしれません。駅前ということだけで、周辺より賃料が高めなこともあります。車社会では駅が絶対的な顧客誘導施設とならない点が電車社会との大きな違いです。駅前がどのくらい栄えているかによって類推することができます。
近くに調剤薬局がない	ごくまれなケースかもしれませんが、近くに調剤薬局がないことがあります。その場合、患者さんは遠くの調剤薬局まで行かなくてはいけません。近くに調剤薬局がない場合は調剤薬局を誘致することができる物件を選ぶとよいでしょう。

医療モールには、内科や歯科以外にも、整形外科、耳鼻咽喉科、眼科、小児科、皮膚科、精神科など各診療科が入ります。大型医療モールであれば、内科が２科目（消化器内科と循環器内科など）入ることもあります。

一般的に医療モールを運営する会社や調剤薬局が医療モールを計画し、クリニックを誘致します。医療モールを運営する会社や調剤薬局は、ビルのオーナーからビル一棟、またはワンフロアを借り上げます。また、ビルのオーナーとクリニックが直接契約することもあります。

医療モールを運営する調剤薬局は、クリニックが発行する処方せんの枚数が多ければ多いほど利益が増えます。医療モールに患者さんが集まるクリニックをより多く誘致して、処方せんの合計枚数を増やすこと

図表3－8 医療モールのメリット・デメリット

●メリット

認知されやすい	主要診療科が揃っていれば、患者さんは「あそこに行けば診療科が揃っている」という安心感を抱きます。自院以外のクリニックを受診した患者さんに自院を認知してもらえることもあります。
他科の医師と連携できる	内科で糖尿病が見つかったときに眼科で糖尿病性網膜症になっていないかの診察をするなど、同じ医療モール内の医師と連携して診療をしたり、相互に紹介したりすることができます。
ワンストップで受診できる	複数の病気を抱えた患者さんがワンストップで受診できます。特に車社会では、車を１か所に駐車したまま複数の診療科を受診し、薬まで受け取れることはメリットになります。
家賃が相場より安いことがある	調剤薬局が医療モールを運営している場合、家賃を低く設定してクリニックを誘致することがあります。調剤薬局は薬の処方で利益を上げているからです。

●デメリット

医療モール内で競合する	内科と耳鼻咽喉科、小児科と耳鼻咽喉科、皮膚科と小児科（小児皮膚科）などでは、医療モール内で競争が起こってしまうことがあります。風邪はどのクリニックが診察するのか、子供はどのクリニックが診察するのかを事前に取り決めることもあります。内科と小児科を標榜したい内科医、内科と皮膚科を標榜したい内科医、小児科と内科を標榜したい小児科医などは、競合する可能性が高いため、医療モールは向いていないでしょう。
医療モール以外から紹介されにくくなる	医療モールの近隣にある他科のクリニックから紹介されにくくなります。
特定の診療科では需要がないことがある	その地域における競合の数は診療科ごとに異なり、ある科目は不足しているものの、ある科目は飽和していることがあります。計画通り全科目を揃えたいという医療モール側の思惑が強すぎると、需要があまりない診療科を誘致してしまう可能性があります。
工事費用が割高になるケースがある	医療モールによっては、ビルの所有者や医療モールを運営する会社が内装工事会社を指定していることがあります。その場合、空調設備や排水管工事などの内装工事費用が割高になることがあります。
長期間の契約になることがある	新築の医療モールでは、10年間や15年間などの長期間の契約が必須になることがあります。その場合、想定より患者さんが少なかった、逆に増えすぎてしまっても契約期間中は移転できないこともあります。移転した場合は、契約終了までの期間の家賃や違約金を請求されることがあります。

が調剤薬局の戦略です。仮に1クリニック当たりの患者さんが少なくても、一定数の処方せんが確保できれば、調剤薬局としては安泰です。

オーナーから借り上げた家賃よりも安い家賃でクリニックに貸すこともあります。その分、調剤で利益を出せばいいという収益構造です。

同じ診療科から複数の申し込みがあった場合は、患者さんが増えそうなクリニックが選ばれることもあります。

関東地方では、駅周辺だけで数年以内に医療モールが5つほど計画されている新興住宅地もあります。調剤薬局の関係者は、「患者さんがたくさん集まる立地ではないけれど、ドクターの開業ニーズがあるから計画している」と、同業社にこぼしていたそうです。

もし本当に好立地の優良物件であれば、ビルのオーナー自身で各診療科のクリニックと調剤薬局を誘致したほうが利益になるはずですが、なぜそうならないのかが疑問です。クリニックを誘致するノウハウがないからでしょうか。

医療モールで繁盛する立地とは？

医療モールだからといって繁盛する立地の条件は変わりません。電車社会、車社会で繁盛する立地と基本的には同じです。電車社会の医療モール（ビル空中階）で開業する場合は、複数の路線が乗り入れている大きな駅であれば、少なくとも徒歩3分以内（単一路線の駅なら1分以内）の立地がいいでしょう。競合となるクリニックが1階では開業できないほど1階の家賃が高い場所がいいということになります。医療モールだから入居したいというよりも、医療モールでなくてもその場所なら開業したいと思えるくらいが理想です。

複数の路線が乗り入れている大きな駅から徒歩5分以上（単一路線の駅なら3分以上）にある医療モールは苦戦しやすい傾向にあるようです。

入居が決まらない医療モールにはわけがある

医療モールは運営する会社や調剤薬局がホームページ、ネット広告、紹介などを通じて、開業志望の医師を募集します。医師を誘致した開業コンサルタントに紹介料が支払われることもあります。立地がよく人気のある医療モールは募集開始後すぐに入居が決まってしまいます。

一方、募集したものの医師が集まらず、計画が中止になる医療モールもあります。5科目ほどが入居するという計画で一番最初に手を挙げて胸を弾ませていたら、結果的にご自身ともう一軒だけしか入居しなかったという事例も少なくありません。入居するクリニックがなかなか決まらない場合は、家賃を安く設定するなど入居条件をよくすることもあるようですが、家賃が低くなったからといって患者さんが集まらない立地では意味がありません。表立った募集はせず、知り合いの医師に話をして、ある程度の申し込みが集まった段階で計画を発表することもあるようです。

医院承継のメリット・デメリット

医院承継は、新規開業に比べコスト負担が少なく、立ち上げ期のリスクを回避できるなど、多くのメリットがありますが、最大のメリットはそれまで通院していた患者さんに引き続き来院してもらえることです。新規開業の場合、患者さんが「かかりつけ」になるまでは一定の期間が必要で、それまでの運転資金を用意しなければいけません。承継開業を希望する場合は、調剤薬局や医療コンサルタントに要望を伝え、情報を集めます。

一方、医院承継には、当然ながらデメリットもあります。**図表3－9**に開業希望の医師と引退希望の医師に分けて、メリット・デメリットをまとめました。最も大きなデメリットはクリニックの立地を選べないという点でしょう。

図表３－９ 医院承継のメリット・デメリット

●開業希望の医師

メリット	デメリット
・開業時に一定の患者さんが確保されているため経営が安定しやすい ・初月からおおよその売上が予測できる ・初期投資（内装工事・医療機器にかかる費用）を抑えられる ・スタッフを継続雇用できる	・承継前のクリニックの評判が悪いと、その印象が継続する ・立地を選べない（立地条件が悪いと、通りがかりやネット経由で患者さんが増えにくい） ・内装が古い、バリアフリー対策が取られていないことが多い ・譲り受けた医療機器が古く、望む医療を提供できないことがある ・職員を継続雇用した場合は、トラブルになりやすい ・医院承継のための費用や手数料が必要になることがある

●売却希望の医師

メリット	デメリット
・既存の患者さんに転院してもらう必要がない ・スタッフの雇用が継続される場合がある ・原状回復費用（クリニックを借りたときの状態に戻す費用）が抑えられる ・医院承継で売却益を得ることができる	・承継開業したい医師が現れないことがある（特に患者数が少ない、立地条件が悪いクリニックの場合） ・承継後の医師が自分と同じ診療をするとは限らない ・新クリニックになって職員の雇用条件が変わることがある ・新院長の方針が合わず職員から不満の声が出る可能性がある

STEP

4

競合クリニックを正しく評価・分析する方法

競合の患者数や来院経路を調べる方法

開業を希望する場所に競合クリニックがなければ理想的ですが、残念ながらそのようなことはほとんどありません。私は開業支援をしていると、「競合はどのように評価・分析すればいいですか？」とよく相談されます。

競合クリニックを評価・分析するためには、まず競合クリニックの患者数を把握します。医薬品卸はクリニックごとのおおよその患者数を把握しており、製薬会社の営業はそのデータを参考に訪問先のクリニックを選んでいます。そのデータを見れば、競合クリニックの1日当たりの患者数を把握することができます。データは開業支援をしている医薬品卸から入手可能です。

他にも、予約システムを導入しているクリニックなら、ホームページ上で患者数を確認することができます。少し勇気は必要ですが、競合クリニックに直接行きクリニックのなかを覗いてみれば、混雑具合や受付番号からおおよその患者数を把握することができます。

競合クリニックの患者数を調べないまま開業する医師もいますが、把握しておくべきです。待ち時間が長く混雑しているクリニックでも、実際は診察スピードが遅いだけで患者数が少ないこともあります。

競合クリニックの患者さんが「通りがかり」「ネット」「口コミ」のうち、どの経路で来院しているかを知っておくことも重要です。開業前は競合になると思っていた距離の近いクリニックが競合にならず、ネット力が強く距離の遠いクリニックが競合になるケースがあるからです。

そして、実際に現地を訪れて、なぜそのクリニックの患者数が多いのかを調べましょう。開業志望の医師のなかには、患者さんがそこまで集まらないであろう場所にもかかわらず、よい場所と勘違いしてしまっている方が少なくありません。

競合を評価・分析するうえで押さえておくポイント

競合クリニックを評価・分析するうえでは、次の4つのポイントを押さえておく必要があります（**図表4-1**）。

①競合クリニックとの距離

開業場所と診療圏が重なる同じ診療科のクリニックが競合となります。診療圏の目安は、電車社会であれば半径500メートルから1キロメートル以内、車社会であれば半径2キロメートルから4キロメートル以内です。

診療科や地域によっても異なりますが、基本的に近ければ近いほど競合度合いが増します。電車社会で駅が北口と南口に分かれており、北口に自院のクリニックがある場合、最も競合となるのは北口のクリニック、次に競合となるのは南口のクリニックであることが多くなっています。車社会では距離に比例して近ければ近いほど競合となります。

図表4－1 競合クリニックの評価・分析における4つのポイント

距離	近ければ近いほど競合度合いが増す。クリニックまでの動線が競合と同じ場合はより影響を受けやすい。
認知度	「認知度の高さ＝通りがかる人数×認知されやすさ」。通りがかる人が多くても、ビル空中階では認知されやすさは下がる。
評判	リアル、ネット双方の口コミから競合の評判を判断する。ネット上の口コミは業者に依頼している可能性があるため、内容を精査する必要がある。
ネット力	競合のホームページの質が高い場合、その地域はクリニック間の競争が激しい可能性がある。グーグル検索で競合が上位表示されるかも調べる。

近くても動線が異なると影響を受けにくく、逆に、遠くても動線が同じだと影響を受けやすいということもあります。通りがかる人が競合クリニックと同じ場合は影響を受けやすいということです。

②競合クリニックの認知度の高さ

競合クリニックの通りがかりにおける認知度の高さがあるかないかを評価します。「認知度の高さ＝通りがかる人数×認知されやすさ」ですから、通りがかる人が多くても3階以上などの空中階で認知されにくければ、認知度が低い立地だといえるでしょう。

③競合クリニックの評判

競合クリニックの評判は口コミで判断します。口コミには人同士の直接の会話を通じて発生するリアルな口コミとネット上で発信される口コミがあります。

リアルな口コミを知る方法としては、医薬品卸や製薬企業の営業マンに聞いてみる、実際に通院している患者さんに聞いてみる、自らが患者として受診するなどの方法があります。競合クリニックの近くにある調剤薬局は普段からの関係性があるため、よいことしかいわないでしょう。

ネット上の口コミは、グーグルビジネスプロフィールや病院ポータルサイトの口コミを調べると簡単に知ることができます。しかし、ネット上の口コミを鵜呑みにしてはいけません。ネット上の口コミは、クリニック関係者から患者さんに依頼するなどして、意図的によい口コミを増やしたり、口コミを業者に依頼したりするケースがあるからです。そのため、口コミの内容は精査する必要があります。口コミの評価が高すぎる場合は業者に依頼している可能性があるため、内容から判断して場合によっては割り引いて評価します。

悪い口コミは、グーグルビジネスプロフィールでは削除されにくく、病院ポータルサイトでは削除されやすい傾向があります。ネット経由の患者さんはクリニックに対する期待が高いため、悪い口コミが増えやすい傾向にあります。

④競合クリニックのネット力

ネット力はマイナーな診療科になればなるほど影響してきます。競合が開業することがわかると、急にネット集患に力を入れ始めるクリニックもありますので、ネット力は将来にわたって現状のままとは限りません。実際、私も「競合ができるからホームページをリニューアルしたい」と相談されることがあります。

その地域における競争の激しさは、その地域にあるクリニックのホームページの質とある程度の相関関係があります。競合クリニックに公式ホームページがない（医師会や病院ポータルサイトのクリニック紹介ページのみの場合も含む)、もしくは公式ホームページがあったとしても力を入れていない場合は、競争が激しくない地域である可能性が高いといえます。競争が激しくない地域では、1クリニック当たりの患者さんが多く、ホームページを持つ必要性を感じない、もしくは質の高いホームページである必要がない(余計なコストはかけたくない)と考えるからです。逆に競争が激しい地域では、1クリニック当たりの患者さんが少ないことから、制作費や管理費を負担して質の高いホームページ作りに力を入れます。そして、より競争が激しくなると、検索連動型広告を出すようになります。

競合のホームページはどこを見るべきか

ホームページに力を入れているかどうかは、次のようなことからもわかります。

①スマホに対応していない

スマホ対応のホームページが増えてきたのは2015年くらいからです。最近はパソコンよりもスマホを使ってネットを閲覧する方が増え、比率としてはスマホが8~9割、パソコンが1~2割ほどになります。スマホの画面は小さいため、スマホに対応しているホームページのほうが見やすく、滞在時間やPV(ページビュー)が上がり、上位表示されやすくなります。その結果として患者さんの来院率が高まります。

②10年以上前に制作されたまま

どんなによいホームページでも、制作してから10年も経てばリニューアルしたほうがいいでしょう。技術が進化するスピードは速く、新しい機能がどんどん出てきています。デザインも古く感じてしまいます。

③更新頻度が低い

「お知らせ」の情報などがまったく更新されていないホームページは、情報発信に対して力を入れていない印象を与えます。

ホームページに力を入れてない＝モチベーションが低いと思いがちですが、ホームページで情報発信することに興味がないだけで、モチベーションが高いクリニックもあるので注意が必要です。院長が50代以降の場合、ホームページに力を入れていないことが多く、そもそも開業医のなかにはホームページ嫌いな先生もいます。

競合のネット力を評価する方法

ホームページの内容以外でもネット力を見極める方法はあります。大きく次の3つに分けられます。

①自然検索結果の順位

グーグルで「地域名＋診療科名」のキーワードで検索すると、その地域におけるその診療科の競争の激しさがわかります。まずは、どれくらいのクリニックの公式ホームページが自然検索結果に表示されるかをチェックします。

自然検索結果の1ページ目には上位1〜10位までのサイト（クリニックの公式ホームページや病院ポータルサイトなど）が表示されます。競合クリニックの公式ホームページばかりが上位表示されていて、病院ポータルサイトがあまり表示されない地域は競争が激しいと考えられます。競合するクリニックの数にもよりますが、特に1〜3位くらいまでがすべてクリニックの公式ホームページの場合は、ネット上での競争がより激しいといえるでしょう。競合となるクリニックがそれぞれ何位に表示されているのかを確認します。

検索キーワードの地域名は、電車社会であれば駅名（○○駅の駅を除いた地域名）になることが多く、たとえば、新宿駅周辺で内科を探す人は「新宿駅＋内科」よりも「新宿＋内科」のほうが検索回数は多くなります。

②マップ検索結果の順位

マップ検索結果とは、グーグルで「地域名＋診療科名」のキーワードで検索すると、グーグルマップと一緒に表示される検索結果のことです。自然検索結果の順位と同様に競合クリニックが何位に表示されているのかを確認します。検索している場所や時間帯などによってマップ検索結果の順位は変動します。

③口コミに対する返信

グーグルビジネスプロフィールの口コミを返信しているクリニックのほうが、よりネットを意識している傾向があります。院長が返信していた場合、返信内容により院長の人柄・性格が推察できます。グーグルビジネスプロフィールの充実度も参考になります。

④検索連動型広告を出しているかどうか

「地域名＋診療科名」で検索して、検索連動型広告が表示されるかどうかを確認します。検索連動型広告が表示されれば、競争が激しい傾向にあります。

グーグルとヤフーでは検索連動型広告のシステムが別になっています。どの業種も検索エンジンとしてシェアが高いグーグルを優先して広告を出しますが、競合となるクリニックがグーグルとヤフーの両方に広告を出している場合は、より手強いといえるでしょう。

自然検索結果、マップ検索結果、検索連動型広告は**図表4－2**のように表示されます。クリック率はあくまで目安となります。

⑤その他

ネット力に直接関係しているわけではありませんが、クリニック名も自然検索結果やマップ検索結果の順位に影響します。たとえば、「新宿＋内科」のキーワードで検索した場合、クリニック名に「新宿」「内科」の両方が含まれているほうが上位表示されやすくなっています。また、マップ検索結果においても、

図表4－2 検索結果の表示のされ方とクリック率

●検索連動広告

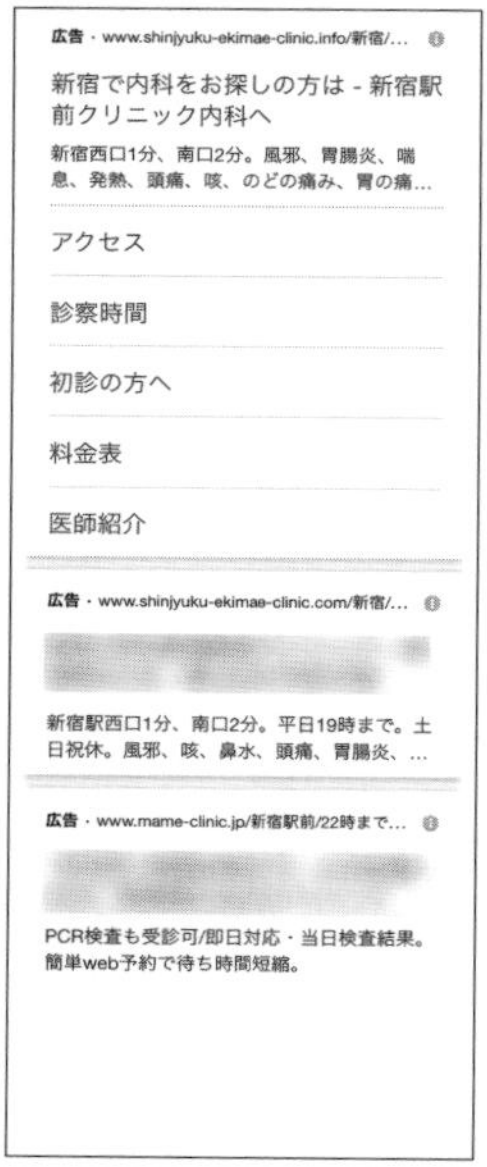

順位	クリック率
1位	10%
2位	8%
3位	5%

●マップ検索結果

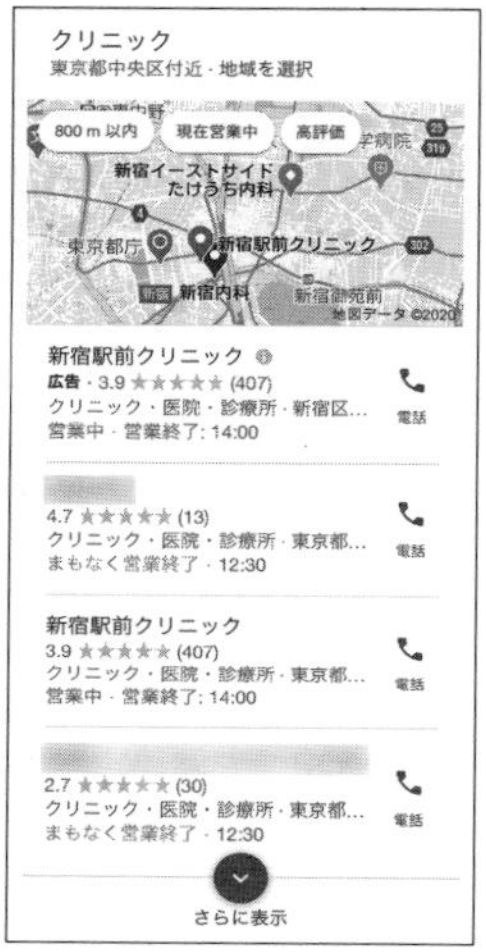

順位	クリック率
1位	10%
2位	8%
3位	5%

●自然検索結果

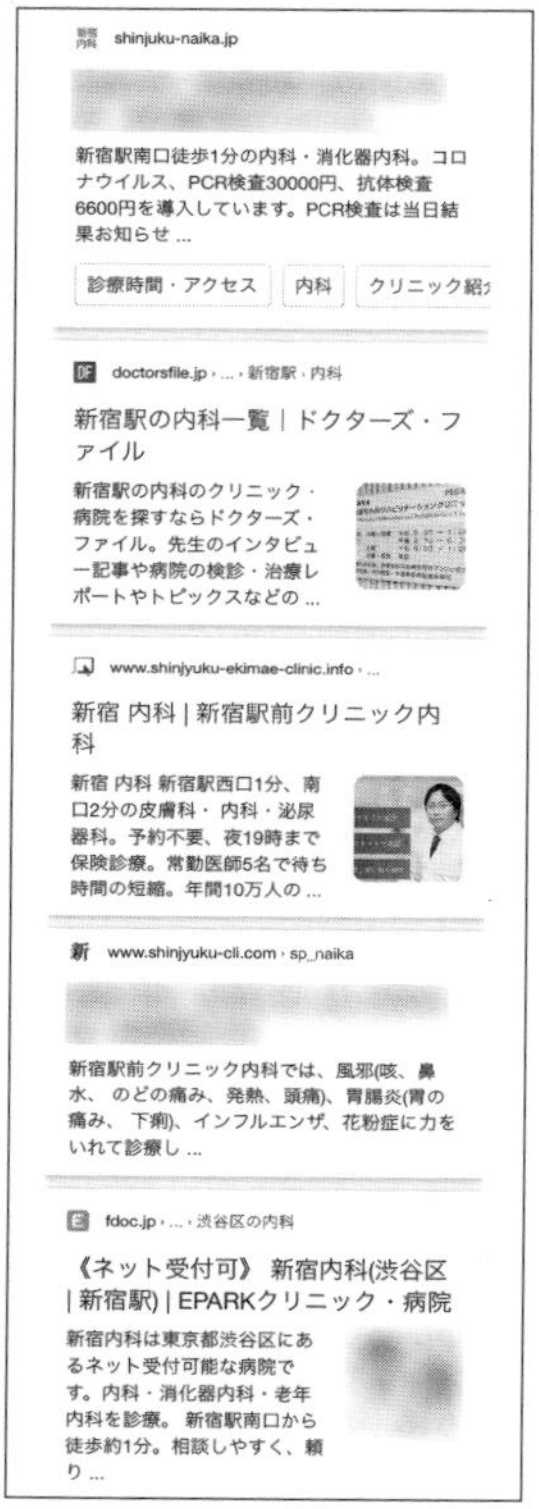

順位	クリック率
1位	20%
2位	10%
3位	6%
4位	5%
5位	4%
6位	2%
7～10位	1%

※画像はスマホによる「新宿＋内科」の検索結果。自然検索結果の画像は上位5位まで。
※クリック率はあくまで目安であり、実際は大きく異なることがある。また、高い順位のサイトより低い順位のサイトのほうがクリックされる、広告が表示されない、自然検索がマップ検索結果より上位に表示されることがある。

「診療科名」のキーワードで検索した場合、クリニック名に診療科名が入っていたほうが上位表示されやすい傾向にあります。

これから開業する場合は、単科のクリニックであれば、少なくとも「診療科名」を、複数科のクリニックであれば、少なくとも「地域名」をクリニック名に入れることをおすすめします。

競合とは引退するまで戦う覚悟を

開業してしまえば、自院か競合のどちらかが移転または閉院するまでは競争していくことになります。競合クリニックの子供が後継者となり、自分の子供がクリニックを承継したら、親子二代にわたって競争が続くこともあります。

その地域における医療ニーズは基本的に一定であるため、競合が開業することで既存のクリニックは患者数を減らすことになります。そのため、競合クリニックとの関係が悪化しているクリニックも少なくありません。

競合クリニックとの関係性は、あからさまに敵対するよりもお互いを尊重するくらいのほうが相手の競争心をやわらげることができます。しかし、最初は仲良くやっていても、次第に敵対関係になってしまうこともあるので、難しいところではあります。

STEP

5

戦わずして勝つ！
競合が開業する確率を下げる予防策

戦わずして勝つことが理想

私はクリニックの開業支援および経営コンサルティングを行ってきたなかで、近隣に競合が開業し、患者さんが減ってしまったクリニックを何度も目の当たりにしてきました。クリニックにとって競合の出現は死活問題であり、年間売上が数千万円も落ちたクリニックもあります。評判がよく繁盛しているからといって油断は禁物です。

仮に競合ができたことで年間売上が1000万円減ったとします。何らかの方法で競合の開業を回避できれば、10年間で1億円（1000万円×10年）の差が出ます。

新規開業する医師は勝算があるからこそ、その場所で開業します。したがって、「あの場所で開業しても到底勝てない」と思わせることが大切です。孫子の兵法ではありませんが、「戦わずして勝つ」のが理想であり、戦いは極力避けるべきです。

実際に弱いかどうかより、「弱く見える」ことが問題

競合が開業する確率をゼロにすることはできません。運の要素もあります。しかし、確率を下げることはできます。そのためには、日頃から予防策を講じ、競合が開業しにくい状況を作り出しておく必要があ

ります。病気と同じように予防が大切なのです。

開業志望の医師は、ＳＴＥＰ４で紹介した方法などで競合を評価・分析しています。あなたのクリニックが「弱い」と判断されれば、近隣で開業されてしまいます。仮に、同じ地域に「強い」と判断されたＡクリニックと、「弱い」と判断されたＢクリニックがある場合、当然、近隣で開業されやすいのは、Ｂクリニックです。

ここで留意すべきは、実際に弱いかどうかではなく、「弱いと判断された」ということです。つまり、競合を近づけないためには、できるだけ強く見えたほうが都合がよいということです。もし、自分のクリニックに弱い部分があれば、そこを補う必要があります。

競合を開業させないための予防策

ここでは、「通りがかり」「ネット」「口コミ」の３つの評価軸において、競合が開業する確率を下げるための予防策を具体的に解説します。

①通りがかりの予防策

通りがかりとは、クリニックの前を通りがかる人がどれくらいいて、そのうち、どれくらいの人に認知されているかのことです。自院の前を通りがかる人数が少なく、認知されにくいようであれば、通りがかりという観点では弱いクリニックと判断されてしまいます。

予防策としては、認知度の高い場所に移転することが考えられます。拡大移転だけでなく縮小移転も選択肢になります。認知度の高い好立地に移転するわけですから、家賃は高くなりますが、縮小移転の場合は、坪当たりの家賃は高くなるものの、狭くなった分、家賃自体はあまり変わらないこともあります。開業候補地は時間をかけて探したほうが好立地の物件を見つけやすく、移転のタイミングを自由に選ぶことができることは強みです。

移転は大がかりで費用負担も多大となることから、簡単には決断できないという方も多いでしょう。その場合は、クリニックの外観や設置している看板を認知されやすいようにリニューアルします。認知度が少しだけ上がる可能性はあります。

また、クリニックが大通りから一本入った通りにある場合は、大通りに看板を設置して認知度を高めるのも1つの手です。ただし、費用対効果を見極める必要はあるでしょう。

②ネットの予防策

ネットはクリニックのホームページの質（内容やデザインなど）と、上位表示されているかの2つの要素に分かれます。

ホームページはデザインやレイアウトで、受ける印象が大きく変わります。デザインが古くさいと、提供している医療も古くさく感じられてしまうものです。そもそもホームページすらない場合は、ネット力はかなり弱いと判断されます。病院ポータルサイト内のクリニック紹介ページだけでは上位表示されにくく、患者さんが求めている情報も提供できません。

開業志望の医師は競合となるクリニックのホームページを見て、院長の経歴、年齢、専門性、人柄、診療時間、休診日、クリニックの内装、医療設備、アクセス（開業場所）、後継者の有無などを確認しています。そのため、これらの項目において「強い」と判断される内容にするべきです。院長の写真は実際より若々しく見えるものを使用し、後継者がいる場合は後継者の紹介を掲載しておくべきでしょう。

ホームページは、ホームページ制作会社に日々管理してもらうことになります。制作して公開したら終わりではなく、情報の追加や修正など定期的に更新します。既存のホームページに満足しておらず、リニューアルしたい場合は、クリニックのホームページ制作の経験が豊富で、「地域名＋診療科名」のキーワード検索で上位表示させた実績を持つ会社に依頼するといいでしょう。また、ホームページ制作会社は、料金が高いほど患者さんが集まるホームページを作れるわけではありません。どの会社に依頼するかは非常に悩むところではありますが、院長自らがある程度の知識を学び、目利き力をつけることが大切です。事務長がいて事務長に制作会社選びを任せる場合も同様に、ある程度の知識と目利き力は必要になります。

もう1つの要素である上位表示については、「地域名＋診療科名」などのキーワード検索で上位表示されるかどうかが重要です。開業志望の医師は自然検索結果やマップ検索結果を調べており、競合となるクリニックのホームページが上位表示されなければ、ネット力の弱いクリニックと判断します。

また、検索連動型広告が出ていない地域では、地域全体でネット力が弱いと判断され、開業されやすい状況だといえます。特に開業当初はホームページが上位表示されにくい傾向にあるため、検索連動型広告を出して上位表示されにくい状態を補いたいと考える開業志望の医師もいます。1か月1万円でも新規患者さんを集めることができ、競合が開業する確率が下がるのであれば安いものです。

③口コミの予防策

口コミにはリアルとネットの2種類がありますが、開業志望の医師が競合クリニックの患者さんの多くから直接、評判を聞くことは難しいため、ここではネット上の口コミに限定して予防策を解説します。

ネットで検索すると、グーグルビジネスプロフィールや病院ポータルサイトの口コミを確認することができます。実際に、その内容が正しいかどうかは別として、患者さんも開業志望の医師もその口コミをもとにクリニックを評価せざるを得ません。当然、口コミの評価が悪いほうが近隣で開業されやすい状況といえます。

口コミの評価を上げるためには、クリニックを評価してくださる可能性が高い患者さんに、口コミの投稿を依頼します。依頼するときは口頭の説明だけでなく、グーグルビジネスプロフィールの投稿方法とQRコードを記載した紙などを渡します。それでも投稿方法がわからない場合は、その場で丁寧に教えます。

グーグルのガイドラインでは、有償や虚偽の口コミ投稿を禁止しています。口コミ代行業者を利用する、患者さんに金品を渡して投稿を促すなどの行為はやめましょう。

グーグルビジネスプロフィールの口コミは投稿されてしまうと、なかなか削除が難しいため、よい口コミを増やし、評価の平均値を高めておくことが大切です。口コミの内容がガイドライン違反であれば、削除要請により削除されることがあります。

まだある！　実行できる予防策

「通りがかり」「ネット」「口コミ」以外にも、次のような予防策があります。

①診療日を増やす

クリニックは一般的に平日4日と土曜日午前を診療日としています。そのため、他のクリニックが休診日にしている平日1日、土曜日午後、日曜日、祝日なども診療し、差別化を図ります。チェーンクリニックや分院展開を行っているクリニックは、土曜日午後や日曜日も診療する傾向があります。

②診療時間を長くする

夜遅くまで診療して診療時間を延長することで、夜間診療の利便性をウリに患者さんを集めようとする競合の開業を防ぎます。夜間診療は特に若手の開業医が取り組むケースが多くなっています。

③複数医師による診療体制

混雑しているクリニック向けではありますが、常勤または非常勤医師を雇用し、2診体制で待ち時間を短くします。開業志望の医師のなかには、待ち時間が長いクリニックの近隣で開業すれば、そのクリニックから患者さんが流れてくると考える先生もいます。

④医療機器の充実

検査機器や手術設備などの医療機器を充実させると、幅広い疾患を診療できるようになり、規模の大きなクリニックが近隣で開業しにくくなります。

実際に①〜③を実行するには、医師や医療事務などのスタッフを新たに雇用しなければなりません。スタッフに負担をかけすぎると、離職につながる恐れがあり、診療時間の延長などは開業医自身も負担が増します。設備投資が必要な④を含め、実行する場合は十分に検討を重ねる必要があります。

まずは即効性があるネットで強く見せる

開業場所を探している医師や開業支援業者がさまざまな角度から競合を評価・判断していることがおわかりいただけたのではないでしょうか。

「このクリニックは通りがかり、ネット、口コミすべてが揃っていて、競争しても勝てない」と敬遠されるレベルにまで到達するのが理想です。しかし、実際にはすべてが万全であることは難しいため、紹介した予防策のなかで最も即効性があり、費用負担も少なくて済むネット中心に予防策を講じるとよいでしょう。通りがかりは開業後に予防策を講じることが難しいからこそ、立地選びは重要なのです。ネット集患については、私の著書『競合と差がつくクリニックの経営戦略――Googleを活用した集患メソッド』

（日本医療企画）でも紹介していますので、ご興味のある方はぜひお読みください。

開業医にとって競合クリニックが近くにできるリスクは常にあります。そして、競合はすでに開業しているクリニックよりも有利な立地で開業する傾向があります。

繰り返しになりますが、近隣で開業されたら負けです。患者さんに困っていないときこそ予防策を講じて、競合が開業する確率を下げるべきなのです。

STEP 6

なかなか見つからない!?好立地物件の探し方

好立地の物件はなかなか見つからない

物件探しを始めたばかりの医師から必ずといっていいほど聞かれるのが、「好立地の物件がなかなか見つからない」という声です。すぐに見つかるのであれば、将来競合となるクリニックだってすぐに見つけてしまうでしょうし、時間と手間がかかるからこそ競合と差がつくのです。

開業志望の医師に「どのようにして物件を探しているのか」と聞くと、開業コンサルタント任せであったり、ときどき不動産ポータルサイトで検索する程度だったりします。それだけでは好立地の物件を見つけることは難しいでしょう。

また、立地や条件のよい物件に入居したいのはクリニックだけではありません。コンビニ、ドラッグストア、飲食店、カフェ、美容室、マッサージ店、エステ店など、クリニックと同じくらいの広さの物件を探している、さまざまな業種の店舗がライバルになります。

開業を希望する地域が限定的であれば、半年以上～数年先まで物件探しが続くこともあります。開業志望の医師にとって、テナント向けの物件探しは初めての経験だと思いますが、物件探しを軽んじてはいけません。マンションの一室を賃貸するのとはわけが違います。

本章では、不動産業界の仕組みを知って、どのように行動すれば好立地の物件を見つけられるかを解説していきます。

物件探しの具体的な方法

まずは、需要が供給を上回り、競合が弱い地域をリストアップします。リストや競合のある位置は頭のなかだけで考えるのではなく、ノートや地図に書き込むと、より整理しやすくなります。開業場所はそれだけ重要なので、手間を惜しんではいけません。

開業候補の地域が決まったら、次は物件探しです。大前提として知っておかなければいけないのは、前テナントの退去からテナント募集までの流れです。一部例外はありますが、一般的に**図表6－1**のようになります。

前テナントから物件の管理会社に退去することが伝えられると、管理会社は物件オーナーにその旨を連絡します。物件オーナーは「元《もと》付《づ》け」と呼ばれる不動産会社（多くは物件の管理会社が兼任）に依頼して、新たに入居希望の新テナントを探すことになります。元付け不動産会社は自社だけで新テナントを探すことが難しい場合、正式に募集を開始する前に他の不動産会社（客《きゃく》付《づ》け不動産会社）に物件情報を伝えることがあります。それと並行して不動産ポータルサイトに登録します。

開業志望の医師が物件を探す主な方法は、「不動産ポータルサイトで探す」「不動産会社に直接依頼する」の2つです。他には「調剤薬局に依頼する」「開業コンサルティング会社に依頼する」「自分で歩いて探す」などの方法もあります。

図表6－1 前テナントの退去から物件募集までの流れ

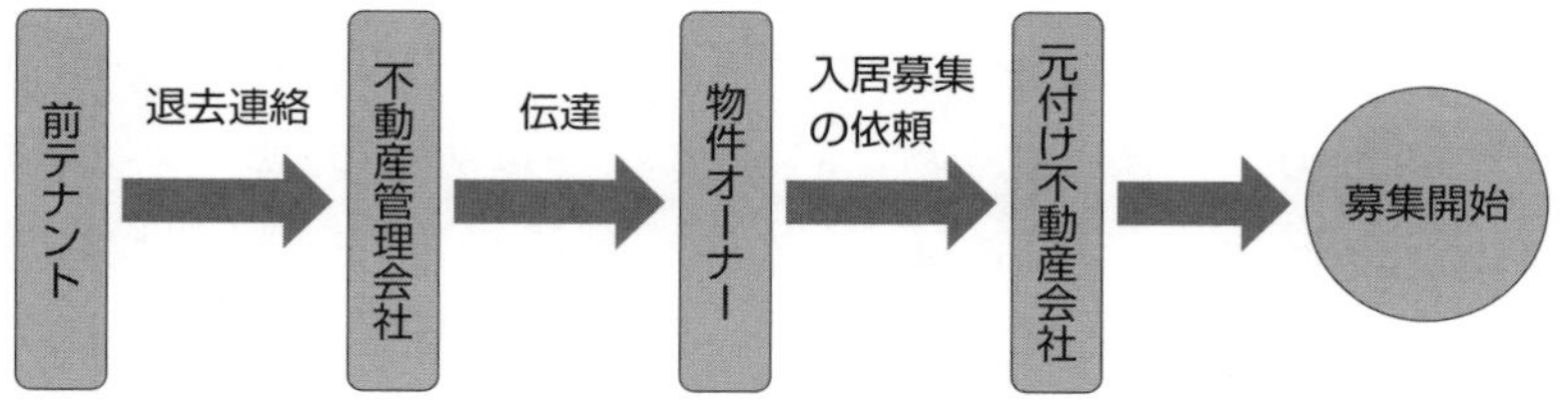

「元付け」とは貸主から直接、借主を探すことを依頼された不動産会社。多くの場合、その物件の管理会社が兼任している。また、元付け不動産会社に対して借主を紹介する不動産会社を「客付け」と呼ぶ。

①不動産ポータルサイトで探す

不動産ポータルサイトとは、不動産会社が仲介する物件情報を公開してるサイトです。大手ではアットホーム、ホームズ、スーモなどがあり、テレビCMを流しているため、ご存じの方も多いと思います。他にもテナントショップネットワーク、ニフティー不動産、ヤフー不動産などがあります。店舗・事務所だけでなく、住宅用のマンション・一戸建ての物件情報（賃貸・売買）が公開されています。すべてのサイトに同じ物件情報が掲載されているわけではありませんが、大部分は重複して掲載されています。

大手不動産ポータルサイトの場合、専用のアプリをインストールして、開業場所のエリア、家賃、面積、駅徒歩〇分などの条件を入力すれば、候補がいくつか表示されます。条件に合う物件が見つかるまでサイトやアプリで定期的に検索してもいいのですが、希望する条件さえ設定しておけば、新着情報が掲載された際にスマホに通知されます。

グーグル検索などで、「地域名＋貸店舗」「地域名＋店舗＋賃貸」「地域名＋テナント＋賃貸」などのキーワードを入れると、大手だけでなく地元の不動産会社の物件情報が表示されることもあります。

②不動産会社に直接依頼する

希望する地域にある不動産会社に行き、駅からの距離、坪数や賃料などの希望条件を伝えて、空き物件が出たら連絡してもらうように直接依頼します。例としては次のような希望条件になります。

【電車社会の条件例】

○○駅徒歩３分以内の１階　20坪以上30坪未満　家賃○○円以下

【車社会の条件例】

○○市内のロードサイド１階　30坪以上40坪未満（別途、駐車場10台以上必要）　家賃○○円以下

大手不動産ポータルサイトに物件情報が掲載されているのに、その地域にある不動産会社へわざわざ足を運ぶ必要はないと思われるかもしれませんが、不動産会社に直接依頼するには理由があります。

不動産会社のみが閲覧できる「レインズ（ＲＥＩＮＳ）」というコンピューターネットワークシステムがあります。「Real Estate Information Network System（不動産流通標準情報システム）」の頭文字から名付けられ、国土交通大臣から指定を受けた不動産流通機構が運営しています。レインズには不動産ポータルサイトより早く物件情報が掲載されることがあるため、不動産会社に条件を伝えておくと、いち早く物件情報を教えてくれる可能性があります。

また、長年その地域で営業していて、多くの物件を管理していそうな不動産会社（元付けになる不動産会社）により多く足を運ぶことが大切です。管理物件に空きが出たときに、優先して紹介してくれることがあるからです。

立地や条件がよい物件ほど、物件オーナーが懇意にしている不動産会社や管理会社経由ですぐに入居が決まります。不動産は魚屋さんと同じで「鮮度が命」です。不動産ポータルサイトに掲載される前に、いかに早く物件情報を得られるかが重要になってきます。

③調剤薬局に依頼する

調剤薬局はクリニックの開院・閉院の情報に精通し、それらの情報をもとに調剤薬局の新規出店や閉店を判断しています。そのため、特に全国展開しているような大手チェーンの調剤薬局に開業場所を探していることを伝えておくと、調剤薬局近くの物件が空いたときに、情報提供してもらえる可能性があります。大手チェーンの調剤薬局の問い合わせ窓口に連絡してみるといいでしょう。

クリニックにとって、開業場所近くに調剤薬局があることは強みになります。調剤薬局にとってもメリットがあります。

④開業コンサルティング会社に依頼する

開業コンサルティング会社とは、クリニックを開業するための手続き、事業計画書の作成、開業場所の選定、内装工事会社や医療機器メーカーとの価格交渉などを支援してくれる会社です。医療モールを計画して医療モール内の物件紹介業務を行っている会社もあります。

⑤自分で歩いて探す

地域を実際に歩いてみて、テナント募集をしている空き物件があれば、元付け不動産会社に直接連絡します。テナント募集の看板に書いてある連絡先は、ほぼ元付け不動産会社です。

テナント募集中の空き物件は退去してから時間が経過しており、募集しても次の入居者がなかなか決まらない物件です。相場より家賃が高いといったマイナス要因も考えられるため、注意が必要です。

物件は元付け不動産会社に仲介してもらったほうがいい?

物件は客付け不動産会社よりも元付け不動産会社に仲介してもらったほうが、有利であると考えられます。**図表6-2**のケース1と2を比較すると、元付け不動産会社はケース1のほうが得をします。そのため、クリニック側からの条件提示（家賃、敷金、礼金、家賃発生日など）に対して、物件オーナーを説得してもらいやすくなります。

元付け不動産会社は両手取引をしたいために、客付け不動産会社からの問い合わせを何らかの理由をつけて断ることもあるようです。この点も元付け不動産会社に直接問い合わせたほうが有利になります。両手取引については問題がないわけではありませんが、うまくその心理を利用していきましょう。

希望する物件が見つかり、元付け不動産会社を知りたい場合は、不動産ジャパンという不動産ポータルサイトで調べると掲載されていることがあります。グーグルなどの検索エンジンで「物件名＋専任」など

図表6－2 両手取引と片手取引の違い

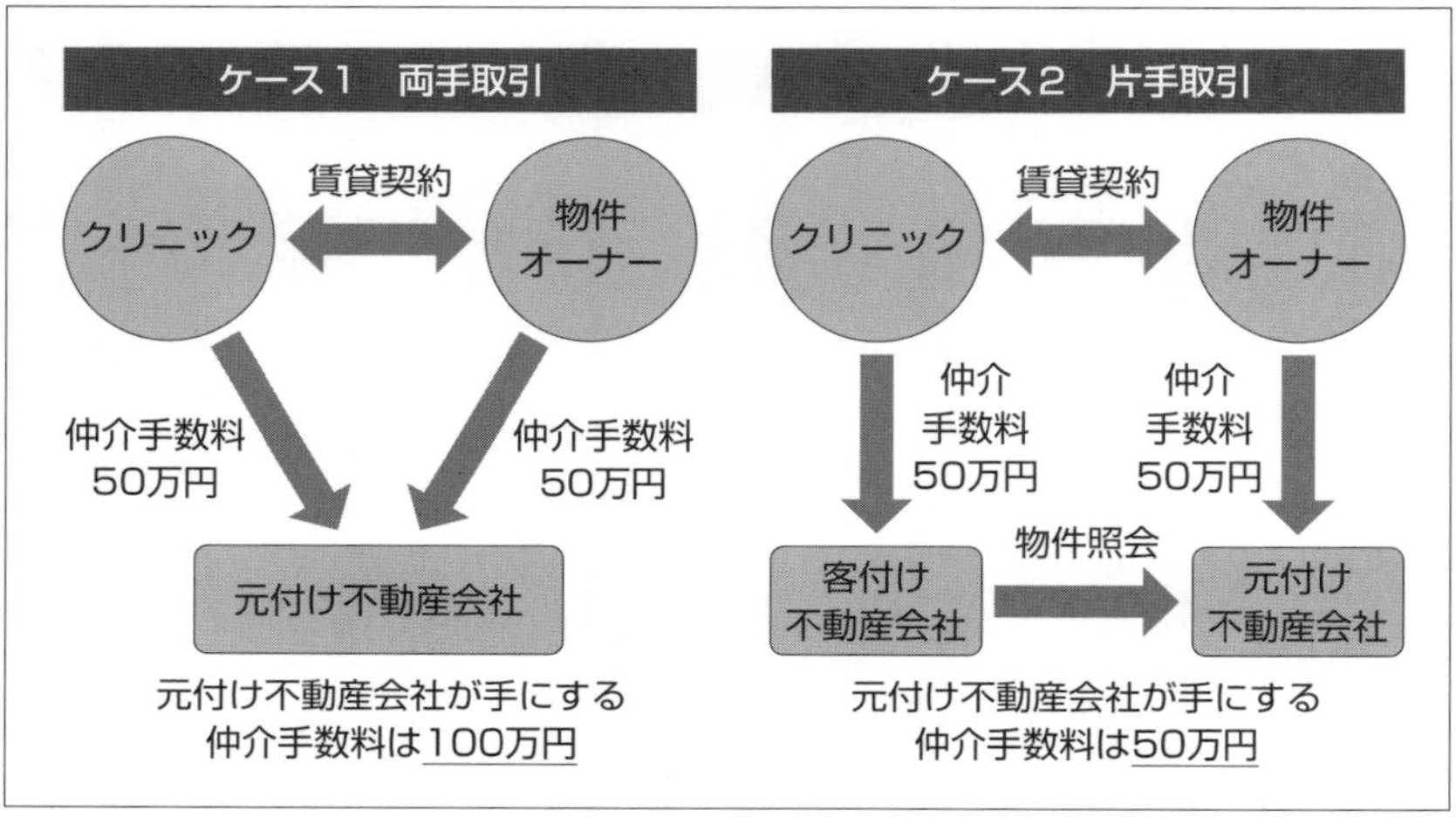

のキーワードで検索すると出てくることもあります。

不動産媒介契約には「専任媒介契約」と「一般媒介契約」があります。専任媒介契約とは物件オーナーが元付け不動産会社1社にのみに依頼すること、一般媒介契約とは物件オーナーが複数の不動産会社に同時に依頼することをいいます。物件情報には、元付け不動産会社は「専任」、客付け不動産会社は「仲介」などと書かれています。

かなり細かい話にはなりますが、「専属専任媒介契約」という媒介契約があり、この場合、物件オーナーが自分で借り主（クリニック）を見つけても専属専任媒介契約を結んでいる不動産会社を通さなければ取引ができません。専任媒介契約の場合は、物件オーナーが自分で借り主（クリニック）を見つけたら専任媒介契約を結んでいる不動産会社を通さなくても取引ができます。

なお、仲介手数料を安くしたい場合は、仲介手数料の相場である家賃1か月分ではなく、0・5か月分に設定している客付け不動産会社に依頼するといいでしょう。

立地が悪くても店舗ビジネスが成り立つなら

開業後の立ち上がりで苦労しているのは、立地が悪いクリニックばかりです。「1階だけど駅から遠くて人通りがあまりない」「駅近だけど空中階で認知されにくい」「家賃は安くて広いが認知度の低い場所で患者さんが来ない」など、なぜ、その物件を選んでしまったのかが悔やまれます。私はこれまでに好立地で開業して集患に困っているクリニックを見たことがありません。自分の親などからクリニックや土地を承継する場合でも、本当にその場所で来院が見込まれるのかを慎重に検討する必要があります。

私の祖父は産婦人科医で、広島で開業していました。祖母からは「将来、祖父が開業していた広島の土地で開業すればいいじゃない」とよくいわれました。今でもその土地は祖母が所有していますが、車社会で交通量が少ないため、クリニックの開業場所としては適していませんでした。結局、私は新宿で開業し、祖母はそのことに賛成し、喜んでくれました。親や祖父母は子供や孫が希望する場所で開業して、幸せに生きていって欲しいと願っているのではないでしょうか。

もし立地が悪くても店舗ビジネスが成り立つなら、人通りが少なく家賃が安い場所にも店舗が溢れているはずです。しかし、実際には、店舗ではなく事務所やマンションになっています。大手チェーン店も利益が出ないからこそ出店しないのです。大手チェーン店は常に出店可能な物件を探し続けているわけですが、チェーン店がない地域は好立地な物件がないから、あえて出店しないのです。

建物は、商業ビル（ビルテナントすべてが店舗）、オフィスビル（1階や2階が店舗、それ以外は事務所）、マンション（1階だけ、もしくは2階も店舗、それ以外は住居）、マンション（すべてが住居）、アパート、一戸建ての順に好立地になっています。ビルやマンションなどの1階や2階を店舗にするのか、事務所や住居にするのかは、専門家がその立地の将来性なども勘案して判断しています。物件探しの際は、開業候補地の周りをよく観察するとよいでしょう。

物件のチェックポイント

物件の広さは、医師1人、看護師1人、医療事務2人ほどの一般内科で、1日40人ほどの来院を想定している標準的なクリニックであれば、20坪前後で十分です。医師2人、看護師2人、医療事務3人ほどの一般内科で、1日80人ほどの来院を想定しているクリニックであれば、30坪前後は必要になります。

開業時はクリニック内に更衣室や休憩室を作り、医師を雇用して2診体制にする必要が出てから、近隣マンションの一室を借りて更衣室や休憩室、倉庫、事務所にするという方法もあります。2診体制を視野に入れているのであれば、地域によって家賃は異なりますが、マンションの一室を10万円以内で借りることができます。更衣室や休憩室は将来に備えて診察室に変更できるようにしておくとよいでしょう。

効率的に診療する体制を構築するために、医師が2つの診察室を行き来して、各診察室のスタッフが患者さんの事前問診や診察時の電子カルテ入力を行う方法もあります。スタッフの人件費は1人分もしくは2人分多くかかりますが、多くの患者さんを診療できます。運動不足になりがちな開業医にとってはよい運動になります（笑）。どのような診療スタイルにするかは、クリニックのレイアウトを設計する前に決めておく必要があります。
物件のチェックポイントを**図表6－3**に挙げました。ぜひ参考にしてください。

開業時のスタッフは必要最小限に

開業時はスタッフを最小限にして、徐々に増やしていくほうが合理的です。「看護師を雇用していないのは格好が悪い」という気持ちもわかりますが、最初は看護師を雇用せず自分で採血や点滴をして、必要になったら雇用するくらいがよいかもしれません。

私は開業時、クリニックの広さは10坪強、看護師は採用せず、医療事務1人でスタートしました。医療事務1人では、体調不良で休んでしまったら運営ができなくなるため、開業後すぐに1人増やしました。1日200人超の来院があっても看護師を雇用しませんでしたが、そこまで困ることはありませんでした。ただ、採血を失敗したときなどに患者さんを待たせしてしまうことがありました。

患者数は開業1年目が最も少なく、徐々に増えていき、5～10年前後で横ばいになります。**図表6－4**は、一般内科における開業1～5年までの1日の来院患者数や雇用するスタッフ数の目安です。

図表6－3 物件のチェックポイント

項目	ポイント
家賃と共益費	家賃だけでなく共益費も確認します。
前テナントの退去時期	前テナントの退去時期は、クリニックの工事開始日や開業日に影響します。
物件の階数	1階でも通りから奥まっていると認知されにくいことがあります。
看板の費用や設置場所	看板の費用や看板がどこに設置できるかを確認します。看板の設置場所やデザインにはビル特有のルールが決められていることがあります。看板についてはSTEP 7で詳述します。
物件の広さ	最低限必要なものとして、受付、待合室、診察室、処置室、トイレ、更衣室、休憩室があります。診療科や治療内容によっては検査室や手術室なども必要です。トイレは患者さん用と従業員用で分けるか、男女別にするかによって数が変わります。契約する前に内装工事会社などに相談して、問題なく運営できるかを確認しておいたほうがよいでしょう。
物件の形状や柱の位置	広さが十分であっても物件の形状や柱の位置によって、思ったようにスペースを確保できないことがあります。天井は低すぎると圧迫感があり、高すぎると冷暖房の効率が落ちます。受付は基本的に入り口近くになります。待合室（椅子と患者さんが通る通路など）、診察室、バックヤード（スタッフが通る通路や棚など）が空間的に確保できるかどうかも確認します。レントゲン室を設置する場合は、放射線を通さない壁を設置する必要があります。
スケルトンか事務所仕様か	物件の引き渡しの状態は、スケルトンと事務所仕様に分けることができます。スケルトンとは、天井、壁、床が何もなくコンクリートがむき出しになっている状態、事務所仕様は空調、天井、床、トイレなどがある状態で、文字通り事務所として使いやすい仕様になっています。事務所仕様では空調やトイレなどを新たに設置する必要がなく、基本的に内装費用がかかりません。特に空調は設置されていないと費用がかさむ傾向があります。
シンクやトイレなどは段差なく設置できるか	保健所の指導により、手洗いをするためのシンクを設置しなければなりません。手洗いやトイレを設置するには排水設備が必要になりますが、排水は高いところから低いところにしか流せないため、床に傾斜がない場合は床上げをして手洗いやトイレを設置することになり、段差ができてしまうことがあります。段差は患者さんが転んでしまわないように配慮する必要があります。

項目	ポイント
間口や入り口の段差、物件の位置	間口は狭いより広いほうが認知されやすくなります。入り口に段差があるとベビーカー、高齢者、車椅子が入りにくく、場合によってはスロープを設置する必要があります。セットバック（建物の前面が歩道から後退している状態）があると看板やクリニックの入り口が奥になる分、認知されにくくなります。物件が角地やT字路に位置するなら複数の方向から人が歩いてくる（車が通る）ため、認知されやすくなります。人や車が立ち止まりやすい信号機や横断歩道の近くも同様です。
近隣のテナント	同じビルの上下階、左右のテナントで騒音や匂いがないかなどを確認します。電車や車が通る音や振動がクリニック内に聞こえる場合は、音楽を流すなどで対応できるかどうかを検討します。日中内見して、問題がなかったとしても夕方以降、近隣の飲食店の音や匂いが気になってしまうこともあります。時間帯によって営業しているお店が異なりますので、周りのテナントに問題ないかどうかは営業時間含めて確認しておくとよいでしょう。
自転車置き場	自転車置き場がなく、クリニックの前が通りにくくなってしまうと、近隣住民とトラブルになることがあります。電車社会と車社会の中間地域では、自転車による来院比率が高くなります。
駐車場	車社会においては駐車場が重要です。駐車場の間口は６メートル以上あったほうがいいといわれており、駐車できる台数や駐車しやすさは来院率、リピート率に影響します。物件に駐車場がない場合は、近くの駐車場と提携して必要な駐車台数を確保します。
調剤薬局の有無	近所に調剤薬局がない場合は患者さんの利便性が下がってしまいます。

契約時のチェックポイント

契約時のチェックポイントは、**図表6−5**の通りです。このうち、契約形態について補足します。

普通借家契約の場合は、物件オーナーに正当な事由がない限り、決められた期間ごとに契約が更新されます。クリニックが入居し続けることを希望していれば、物件オーナーが解約したくても更新を拒否できません。

定期借家契約の場合は、契約で定めた期間が満了すると契約は更新されることなく終了します。契約期間以降もクリニックが入居し続けることを希望すれば、物件オーナーと再契約する必要があります。再契約できるかどうかは物件オーナー次第です。

都心を中心に定期借家契約が増えています。しかし、基本的に定期借家契約はおすすめしません。定期借家契約は物件オーナーの意向により再契約できないことがあるからです。建て替えのためにビルを取り壊す際も、契約満了時であれば営業補償費用などを支払わなくて済みます。再契約の際に家賃の増額があり納得できなかったり、物件オーナーの意向で再契約ができなかったりすれば、別の場所に移転しなくてはいけません。

そうなると、移転先の物件を探し、患者さんには移転のお知らせをします。新たに移転先の内装費用がかかり、移転前の内装を原状回復する必要もあります。定期借家契約の期間が10年間以上であればまだしも、5年ほどの短期間であれば、あえて定期借家契約の物件を選ぶ理由はないのかもしれません。

図表6－4　一般内科における来院患者数とスタッフ数の目安

●一般内科（競争が激しい地域）

開業からの時期	1日の来院患者	看護師	医療事務
1年目	10人	なし	2人
2年目	20人	なし	2人
3年目	30人	なし	2人
5年目	40人	1人	2人

●一般内科（競争が激しくない地域）

開業からの時期	1日の来院患者	看護師	医療事務
1年目	20人	なし	2人
2年目	40人	1人	2人
3年目	60人	1人	3人
5年目	80人	2人	3人

図表6－5　契約時のチェックポイント

項目	チェックポイント
保証金（敷金）	家賃の何か月分（6～10か月など）が必要か
契約の開始時期と契約期間	契約開始時期と契約期間、家賃はいつから発生し、工事はいつから開始可能なのか
契約形態	普通借家契約なのか、定期借家契約なのか
家賃の支払方法	支払日、支払方法（銀行振込みなど）
更新料	更新料と更新の時期
解約方法	退去日の何か月前に解約を申し出る必要があるか
原状回復	どこまで原状回復を行う必要があるのか、工事業者の指定はあるのかを確認する

私の運営する新宿駅前クリニックも定期借家契約の物件に入居していたことがあり、契約更新時に坪1万8000円から坪2万4000円に値上げされました。その5年後には、入居していたビルが大手家電量販店に売却され、近隣にある坪3万円のビルへの移転を余儀なくされました。定期借家契約でも家賃の値上げなしに再契約しているクリニックもありますが、デメリットを考慮したうえで検討すべきです。

動線に配慮した効率的なレイアウト作り

患者さんをできるだけお待たせしないように効率的に診療するためには、動線に配慮したレイアウトにする必要があります。患者さんの待ち時間における最も大きなボトルネックは医師の診察であり、待合室から診察室までの距離、連携する必要がある受付との距離が大事になります。

レイアウトを検討する際は必要になるものを最小限の大きさで図面に書き込んでいきます。受付なら医療事務2~3人が座れるスペース、待合室のイス、待合室の通路、診察室、処置室、バックヤードの通路、バックヤードの棚、シンク、トイレなどを図面に配置してみて、スペースに余りがあれば、それぞれを広く（長く）したり、追加で設置したりします。私はこれまで数多くの図面を見てきましたが、なかには動線に配慮されておらず、あまり効率的でない、診療しにくいであろうものも少なからずありました。

レイアウトは患者さんが増えたときの売上にも大きく影響します。患者数が増えたときに診察室や処置室を増やすことができるかどうかも確認しておきたいところです。

クリニックの内装工事代金は高めに設定されている？

開院するにあたり、内装工事をする必要があります。物件を契約すると内装工事会社に見積もりを依頼することになるわけですが、内装工事開始までに時間がないことも多く、あまりよく考えないで内装工事会社を選んでしまいがちです。開業後に冷静になって高い費用を支払ってしまったことを後悔する医師も少なくありません。

開業する医師はクリニックの内装工事を依頼するのが初めてでしょうから、致し方ないのかもしれませんが、他の業種の店舗よりかなり高い内装工事代金を支払っている現実があります。よりストレートな表現をすると、「ぼったくられている」ことになります。

私は内装工事会社の関係者に話を聞く機会があったのですが、その方は「お医者さんはお金持ちだし世間知らずなところがあるから、内装工事代金が高くても気にしないと業界では認識されている」と教えてくれました。私はトラブルに巻き込まれたくないので、友人の開業医であっても内装工事会社は紹介しないようにしています。内装工事はトラブルがつきものです。

開業時は保健所の検査が入ることもあるので、内装工事会社はクリニックの内装工事で実績のある会社を選ぶべきです。また、高額な内装にしたからといって、患者さんが増えるわけではないでしょうから、こだわりのある箇所以外はローコストの会社で十分だと思います。

内装工事を安く済ませるコツ

内装工事会社は会社によって内装費の価格帯が異なります。内装工事を安く済ませるには、坪当たりの内装費が安めの内装工事会社を複数探して、相見積もりを取る必要があります。

相見積もりは各内装工事会社に同じ条件で依頼しないと、比較しにくく意味がありません。レイアウトを決めて図面を作成してから、その図面をもとに見積もりを出してもらいます。内装工事会社はインターネットで探す方法のほか、開業した先輩や友人に紹介してもらうのも1つの手です。物件探しと同時に、目ぼしい内装工事会社をある程度はリストアップしておくとよいでしょう。

内装工事会社は、天井、照明、壁、床、受付カウンター、シンク、トイレなどの材料を内装建材メーカーから仕入れます。内装工事会社によって提携している内装建材メーカーが異なり、提携していない内装建材メーカーの材料を使おうとすると、仕入れ値が高くなってしまうことがあります。特にこだわりがなければ、内装工事会社が提携しいる内装建材メーカーの材料を選ぶようにします。

私の運営する新宿駅前クリニックでは、ビルのオーナーが私の希望する位置に空調を設置してくれたこともあり、50坪ほどの広さで内装工事代金は1000万円前後でした。坪当たりでは20万円くらいです。安くできたのは内装にそこまでこだわらなかったこと、内装工事会社が安く仕入れることができる内装建材メーカーの材料を選んだことなどが関係しています。開業志望の医師から希望があれば、当院を見学していただくこともあります。

開業支援業者の正しい選び方

開業支援業者の業務は属人的な要素が大きいため、信頼できる担当者に依頼したいところです。開業支援業者は会社の属性により次のような傾向があります。

①医薬品卸

よく勘違いしている医師が多いのですが、医薬品卸は開業後に医薬品を購入してもらえるからという点だけで、開業支援をしているわけではありません。

医薬品卸は医療機器メーカーや内装工事会社をクリニックに紹介することで、紹介料を得ていることがあります。クリニックとしては、紹介料が発生する分、値下げ幅が少なくってしまうわけです。かくいう私も紹介料が発生することを知らずに開業しました。勘違いしていたのです。

②調剤薬局

調剤薬局の近くや調剤薬局が入居する医療モールにクリニックを誘致することに力を入れている傾向があります。開業候補の地域にすでに調剤薬局があれば、協力していただけないか相談してもいいでしょう。

③コンサルティング会社

開業支援を行っているコンサルティング会社です。開業支援を依頼すると一定の費用が発生します。医療機器メーカー、内装工事会社、医薬品卸などから紹介料をもらわないことを約束してコンサルティング契約するケースもあります。

④税理士事務所

税理士事務所のなかには開業支援を行っているところもあります。税理士事務所としては、開業支援業務も行うことにより、開業後の顧問契約が獲得できます。

あくまで個人的な意見ではありますが、開業場所が決まっていて、特別なノウハウが必要ないなら、医薬品卸や税理士事務所で大きな問題はないでしょう。

医療機器や内装などにお金をかけて大規模なクリニックを開業するのであれば、価格交渉もしっかりしてくれるコンサルティング会社と契約して、一定の費用を支払って開業するのもいいかもしれません。

開業コンサルタントの仕事は資金計画、役所関係の手続き、開業場所の選定、医療機器メーカーや内装工事会社との価格交渉などがあります。借入する際は、金利の安い金融機関から借りるなどは当たり前のこととして、まともな開業支援業者であれば、手続きや価格交渉で大きな差はつかないでしょう。

私は開業コンサルタントの最も重要な役割は、「患者さんが集まる開業場所の物件情報を探し、その立地を正しく評価・分析すること」だと考えています。その地域、競合、立地であれば、どれくらい患者さんが見込めるのか、家賃は適正なのかなどを確認する必要があります。

現状、それができるコンサルタントはなかなかおらず、紹介料が発生する物件のみを紹介するコンサルタントや、不動産ポータルサイトで掲載されている物件しか情報提供しないコンサルタントも少なくありません。

かくいう私もコンサルティング先のクリニックのために、地元の不動産会社を回り、不動産関係の知人に最新の物件情報がないかをこまめに連絡するところまではできていません。開業志望の医師が探してきた開業場所の候補地を評価する程度です。

開業は医者人生で最も大きな買い物である

開業コンサルタントが頼りにならないとしたら、患者さんが集まる開業場所を見つけてくるのは誰か？それは「開業志望の医師」ご自身がやるべきことなのです。自分だけでなく配偶者やご両親に手伝ってもらうのもよいでしょう。ご自宅を購入されたことがある方は、自分の持ち家を探すのにご自分でもお探しになったかと思われます。

開業場所の選び方次第で将来の収入が大きく変わるわけですから、開業医にとって人生の最大の買い物は「クリニックを開業すること」でしょう。土地を購入せず物件を賃貸して開業するのは、自分の持ち家を購入するよりも何倍ものリスクにさらされるわけですし、人生がかかっているといっても過言ではありません。

中古の一戸建てやマンションを購入するのであれば、買ってすぐに売却しても同じくらいの値段で売れることもありますが、クリニック開業で物件を賃貸して、内装を作り、医療機器を購入した場合、万が一、患者さんが集まらず、すぐに閉院となると、そこまでの投資がゼロになるどころか、原状回復分の費用がかかってしまいます。

実際、激戦区で開業して患者さんが集まらず、開業1年ほどで閉院することは珍しくありません。売却しようとしても、なかなか買い手が見つからず、無償譲渡まで妥協したものの、それでも売却できずに、結果的に1億円近い借金を抱えてしまったケースもあります。

開業場所が決まったら早めにホームページを公開する

開業場所が決まり物件を契約したら、すぐにホームページの準備を進めます。ホームページを早めに公開すると、開業後に上位表示されやすい傾向があるからです。また、同じ地域で開業を検討している競合に自院の開業を知らせることができます。お互い知らず知らずのうちに同時に開業してしまうことを避けやすくなります。

ホームページは少なくとも開業3か月前には公開することをおすすめします。最初は診療科目と開業場所だけを掲載した仮サイトでも構いません。グーグルビジネスプロフィールは2か月前から登録できます。

STEP

7

記憶に残る看板を設置して認知度を上げる

なぜ、看板が重要なのか

コンビニや大手ファーストフード店などブランド力のある店舗は、店名のロゴが書かれた看板さえ見てもらえば、集客につながります。多くの人はその店舗で提供されるサービスや商品を知っていて、店舗の場所が記憶されやすいからです。

しかし、クリニックをはじめとするブランド力のない店舗は、店舗の名前やサービスの内容まで認知されなければ、集客につながりません。特にクリニックは、診療科ごとに対象としている疾患や症状が異なり、患者さんが体調不良になったときに、「あそこに○○科のクリニックがあったから受診しよう」と想起してもらう必要があります。そのため、看板を効果的に活用して、クリニック名だけでなく、標榜する診療科まで認知されるようにしましょう。

看板の種類と掲載する情報の優先順位

クリニックの外観だけでは、歯科、整骨院、マッサージ、エステなど似ている業種と区別がつきにくく、なかなか認知してもらえません。通りがかる人は看板を見て初めて何科のクリニックかがわかります。

看板はクリニックの認知度を高めるためにとても重要です。さまざまな種類がありますので、それぞれの特徴を**図表7-1**にまとめました。また、看板に掲載すべき情報には**図表7-2**のような優先順位があります。

ときどき、「○○（院長の名前や地名など）クリニック」とクリニック名しか入っていない看板や、診療科名が書かれていても情報を詰め込みすぎていて文字が小さく、目に入ってこない看板があります。その看板を初めて見た人は、どんな病気を診てくれるクリニックなのかがわからず、記憶に残る人は少ないでしょう。

看板はじっくり見られるものではなく、歩いてるときや車で移動中に一瞬だけ目に入るものです。そのため、目立つこと、伝えたい内容が一瞬で伝わることが大切です。

看板の効果を最大化する方法

看板の位置は非常に重要です。人は上を向いて歩いているわけではなく、前の人の肩から腰のあたりを見ながら歩いています。最近では、スマホを見ながら歩いている人が増え、目線はより下に、視界は狭くなりがちです。看板は高すぎる位置に設置しないように気をつけましょう。

壁面看板やスタンド看板は目線に設置するようにします。物件が空中階の場合は1階などの目立つ位置に看板を出していいかを確認します。クリニックが2階にあり、2階への階段が道路に面した位置にあるなら、階段の1階の入り口に看板を設置できるとよりよいでしょう。

図表7－1 看板の種類

種　類	特　徴
ファサード看板	ファサードはフランス語で「建物の正面」という意味です。ファサード看板はクリニックの顔であり、見る人に強い印象を残します。クリニックに適した好印象を残すデザインであることが望まれます。看板の照明には、LEDの入っている内照式と、外から照らす外照式があります。夜間は内照式のほうが目立ち認知されやすくなるため、夜間に人通りが多い場所では内照式にしたほうがよいかもしれません。
ガラスシート（ウインドウサイン）	クリニックの入り口扉や窓などのガラス面にサインを貼りつけます。ガラスシートやウインドウサインと呼ばれています。１階であれば、ガラス面の上半分や一部などを空けておき、クリニック内の様子が少し見えるようにすることもあります。２階以上であれば、ガラス面いっぱいに背景となるシートを貼りつけ、文字を重ねたりします。
壁面看板	建物の壁面に貼りつけた看板の総称を壁面看板と呼びます。パソコンでデザインしたものを大型インクジェット出力機で印刷します。最近では写真を貼ることもできるようになりました。柱や壁をファサード看板と同じ色にして、間口を大きく目立たせる方法もあります。
チャンネル文字	文字を立体的に加工した看板で、平面的な看板よりも高級感があります。
袖看板（突き出し看板）	建物の壁面から突き出すように設置された看板を袖看板、突き出し看板と呼びます。道路と垂直に設置します。道路より高い位置にあるため、落下しないように強度を高める必要があります。
A型看板	看板を横から見るとAの文字に見えることからA型看板と呼ばれています。
スタンド看板	A型看板よりも設置のための面積が小さくて済みます。
野立看板（幹線道路、交差点などに立てる看板）	クリニックの敷地以外の土地に立てる看板を野立看板と呼びます。単独タイプ以外に集合タイプがあります。車社会における駅看板の役割を果たすものです。本来であれば、交通量の多い場所で開業すべきですが、クリニック前の交通量が少ない場合に、交通量の多い幹線道路などに設置し、矢印や何メートル先などの文言で誘導します。
電柱看板	電柱に掛けたり巻いたりする看板です。主な効果はクリニックへ向かう人に道案内をすることですが、そもそも電柱看板がないと見つけられない場所で開業すべきではありません。スマホの経路案内やカーナビの普及によって、電柱看板の役割は減少傾向にあります。

種　類	特　徴
駅看板（電飾壁看板、ホーム野立て、ベンチ）	特に住宅街の駅では、クリニックの駅看板を見かけることがあります。「自分のクリニックも出したほうがいいのでは」と考えがちですが、出すべきではないでしょう。月額の費用だけでなく看板制作費用や撤去費用がかさみますし、ホームで電車を待っている人の多くはスマホを見ています。
交通広告	電車、バス、タクシーの車内に設置する、もしくはアナウンスする広告です。費用がかさむ傾向にあります。

図表7－2　看板に掲載する情報の優先順位

①診療科名
②クリニック名、階数（空中階の場合）
③予約制の有無、診療時間、定休日、電話番号
※ファサード看板には①と②を掲載することが多い

図表7－3　車社会の看板

看板は車の運転席から見える位置に設置する。

看板は通行方向と平行に設置するよりも垂直に設置するほうが認知されやすくなります。クリニックに向かって歩いている患者さんはまず袖看板が目に入り、次にファサード看板を見る流れになります。道路に面している壁面やガラス面には、カッティングシートやインクジェットシートなどで診療科名、診察時間、休診日などを掲載しておくと、ファサード看板から自然に目につきやすくなります。

車社会では、車の運転席から直接見える位置（クリニックの敷地内）に、道路沿いからでも認知されやすい大きさ・デザインの看板を設置します（**図表7－3**）。幹線道路沿いの他業種の看板も参考になります。人や車が立ち止まりやすい信号機や横断歩道の近くは看板に気づきやすい場所です。

気に入った物件が見つかり、思い入れが強くなると、外観を含めた看板の認知されやすさを客観的に判断することができなくなることがあるので、注意が必要です。その場所にクリニックができたことをイメージしながら、前を向いて歩いている人、車で通りがかる人に対して、どの場所にどのような看板を設置すれば、より効果的かを検討するようにします。

図表7－4 看板で集患力アップ！　色選びのポイント

色	イメージ
青	理知的、冷静、落ち着く
緑	自然、平和、安心
赤	情熱、元気、活動的
オレンジ	楽天的、親しみ、明るい
ピンク	女性、華やか、優しい

看板は書体や色によってイメージが変わる

看板は使用する書体によってイメージが変わります。誰もが読みやすい書体であることが前提ですが、一般的には角ゴシック体、丸ゴシック体、明朝体などが使用されます。角ゴシック体は清潔感や誠実なイメージ、丸ゴシック体は親しみのある柔らかいイメージを与えます。診療科や対象となる患者さんの性別、年齢層などから検討します。

柔らかさを出すことを目的にクリニック名や診療科名の一部を漢字から平仮名に変更することがあります。色にもイメージがあり、飛び出して見える前進色、奥まって見える後退色があります。前進色は主に暖色系の色で看板が大きく見え、後退色は主に寒色系の色で看板が小さく見えます。

看板が周囲の建物と同化しないように、色を目立たせることがあります。青と白、緑と白がクリニックの定番色になります。色の与えるイメージは、**図表7－4**の通りです。

看板はクリニックのホームページと書体や色を揃えたり、クリニックのロゴを使用したりする場合もあります。クリニックらしいデザインにすることが重要で、デザイン性を重視するあまり、読みにくくなってしまうのは本末転倒です。

グーグルで「クリニック＋看板」などのキーワードで画像検索すれば、クリニックの看板が表示されます。気に入ったデザインがあれば、参考にするのもよいでしょう。

看板が設置できる位置は物件契約前に確認する

物件の契約前に、看板を設置できる位置（クリニック前や壁面など）や大きさを費用まで含めて確認・交渉します。看板が設置できる場所は前のテナントが設置していた場所だけとは限りません。看板のスペースはできるだけ大きく取るのが基本です。

看板のデザインについても、事前にビルのオーナーに確認します。建物の景観を損なうようなデザインや色は、オーナーから反対されることがあるからです。クリニックの前に置くスタンド看板やA型看板も同様です。同じビルに入る他のテナントの邪魔になり、許可が下りないことがあります。

看板制作会社は営業活動を積極的にしていないことが多く、どの会社に発注すればいいかがあまり知られていません。広告代理店や内装工事会社から紹介を受けることもありますが、インターネットで調べて、直接問い合わせたほうが費用は安く済むこともあります。

クリニックでは患者さんが迷わないように、院内にサイン（受付、診察室、処置室、トイレなどの位置）

を掲示することがありますが、サインの制作も看板制作会社に依頼し、外看板と一緒に見積もりを出してもらうとよいでしょう。院内のサインは忘れてしまいがちなので注意が必要です。

STEP

8

失敗事例から学ぶ立地選びの鉄則

立地選びの失敗事例

立地が悪いせいで通りがかり経由の新規患者さんが1日2人少ないとしたら、どれくらい売上が減るのかをシミュレーションしてみます。

新規患者さん1人当たりの単価が5000円で、計4回通院なら2万円になります。2人で1日4万円、年間の診療日が250日とすると合計1000万円です。それが30年間続くと3億円になります。立地選びで失敗してしまったら、将来得られたはずの利益が億単位で減ってしまうことになります。

立地選びは開業してから後悔しても仕方がありません。特に激戦区での開業や多額の初期投資を費やして開業する場合には、立地についてよく勉強して、時間をかけて選ぶことが重要になります。

●ケース1　手術設備のある眼科を最寄り駅から徒歩10分超の場所で開業

私の知人が開業している眼科クリニックの近くに、手術設備のある大型の眼科クリニックが開業しました。知人の眼科は東京都内の電車社会の住宅街にあり、最寄り駅からは徒歩2分ほどです。新しく開業した眼科は最寄り駅から徒歩10分超の場所にあります。知人は患者さんが大きく減少するのではないかと大変心配をしていました。

ところが、新しく開業した眼科には患者さんがなかなか集まらず、知人の眼科はあまり影響を受けませんでした。新しく開業した眼科は、手術設備だけでなく検査機器も充実していて、評判も悪くなかったのに、なぜ患者さんが集まらなかったのでしょうか？

それは、立地が悪いからです。駅から徒歩10分超の住宅街では、近隣に人の集まる大型商業施設があるなどの場合を除き、通りがかるのは周りに住んでいる人だけです。電車社会のため、車で移動する人はほとんどいません。ネットで眼科を探している人も利便性の高い駅近くのクリニックを選びがちであることを考えると、患者さんが集まらないのは当然といえば当然です。少し考えれば立地の専門家でなくても気づくことでしょうが、なぜその場所で開業してしまったのでしょうか？　コンサルタントに騙されたのでしょうか？　それとも何か特別な事情があったのでしょうか？

開業支援をしてきた私の経験からすると、「開業した医師にある程度まで家賃を抑えたいという予算感があったから」だと推測しています。手術設備のある眼科を開業する場合、50坪以上のスペースが必要になります。手術設備や内装の費用がかなり高額になるため、その分、家賃や初期投資を抑えたいという心理が働き、家賃の安い物件を選んでしまったのでしょう。

仮に手術設備のない眼科が25坪の物件を家賃50万円で借りたとすると1坪当たり2万円になり、同じくらいの家賃で50坪の物件を借りるには1坪当たり1万円以下にする必要があります。最寄り駅が同じなら、最寄り駅からかなり離れている場所でなければ坪1万円以下にはなりません。

家賃の適正額は月間売上の10％前後といわれています。月間売上が500万円ほどを想定しているのであれば家賃は50万円となりますが、手術などを行い1000万円の売上なら家賃は100万円、2000万円の売上なら家賃は200万円でもおかしくないという計算になります。必ずしも売上と家賃を比例させる必要はありませんが、手術を行うことで売上が見込めるなら、坪単価の高い好立地の場所で開業したほうがよかったのではないかと私は思います。

●ケース2　親がたまたま所有していた土地で開業して大苦戦

昔よりは減りましたが、先祖代々の土地がある、両親の持っている建物があるなどの場合に、そこを自宅兼クリニックとして開業することがあります。私は開業志望の医師に「よく検討もせずに、親が所有している土地や建物で開業しないほうがいい」とお伝えしています。その理由は、親が所有していた土地や建物がクリニックの開業地に適している確率が極めて低いからです。

私の知人の医師は親が所有していた駅から徒歩10分超の土地に建物を建築し、マイナー科目のクリニックを開業しました。周りにコンビニすらない住宅街の一角で、クリニックの前は人通りがありません。通りがかりで患者数が見込めないこともあり、ホームページを充実させたり、ネット広告を出したりしましたが、集患には結び付きませんでした。

マイナー科目で専門性の高い治療を行っているので、遠方からの来院があってもおかしくはないのですが、駅から遠く、高齢者であればタクシーが必要な場所にあるため、患者さんから敬遠されてしまいがちです。

残念なことに、知人の医師は勤務医時代の給与を下回る状況が続いています。「こんなはずじゃなかったのに」と嘆いていましたが、クリニックを建てた際の借金が残っており、移転もできない状況のようです。

医療モール開業の失敗事例

開業場所を探していると、必ずコンサルタントからすすめられるのが医療モールです。各科専門の医師が1つのフロアや建物内に集まるため、患者さんはワンストップでさまざまな診療を受けられます。好立地で繁盛している医療モールがある一方で、失敗やトラブルを抱えるケースも少なくありません。私が見聞きしてきた、3つの事例を紹介します。

●ケース1　オープンしても各診療科が集まらない

医療モールは計画通りにすべての募集区画が埋まるとは限りません。好立地で家賃が適正なら入居希望のクリニックが集まりやすいのですが、立地が悪かったり、家賃が高すぎたりすると、入居が決まらないことも珍しくありません。なかには、計画自体が無理筋で全区画が埋まったとしても、患者さんはあまり集まらないだろうと思われる医療モールもあります。

東京都内の住宅街にある医療モールでは内科、小児科、眼科、耳鼻咽喉科、整形外科、皮膚科など6科目ほどが入居する予定でした。知人が「医療モールなら安心」と早めに申し込んだところ、実際に開業したのは内科と、知人のマイナー科目の2つだけでした。他には美容室、保育園、学習塾などが入ったそうですが、「最初と話が違う」と知人は怒っていました。

医療モールは、契約する前に他科目の契約状況を把握することが大切です。担当者に問い合わせすれば、

「商談中」「申し込み○件」「もうすぐ契約」などの情報提供はあるでしょうが、本当に契約したかまで確認するべきです。その地域におけるクリニックの需要は、診療科によって異なるため、自分の専門科目の競合を綿密に調査するだけでなく、他科目のクリニックが集まりそうかなども含めて、精査する必要があります。

医療モールを紹介してくれるコンサルタントや医療モールの担当者は、プラス面は伝えてもマイナス面はなかなか伝えてくれません。当然ですが、コンサルタントはクリニックを誘致したら、医療モールの運営側から紹介料をもらえます。

一般的に、医療モールは駅近く、幹線道路沿い、ショッピングセンター内などにできるケースが多く、規模の大きな駅では複数の医療モールが計画されることも少なくありません。埼玉県内のある駅では3年以内に5軒ほど医療モールの建設が計画されていました。そのうちの1つに入居しようとしていた医師はそのことを知らず、私が調べてお知らせしたら驚いていました。将来的に競合が増える可能性が高いわけですから、情報収集は欠かせません。

医療モールを企画する会社、調剤薬局などは、医療モールに適した土地・建物があると、医療モールの計画を検討します。採算が見込める場所であればあるほど、より高額で土地を入札したり、建物のオーナーへ高額な家賃で交渉することになります。

●ケース2　住宅街にある視認性の悪い空中階モールで開業

この医療モールは、住宅街にある人通りのある商店街から一歩入ったビルの空中階にありました。商店街から医療モールが見えにくいこともあり、地域住民からはなかなか認知されませんでした。入居した内科クリニックの初日の来院患者数は、近隣にまいたチラシで知った3人で、その後も通りがかりではほとんど来院がありませんでした。

私にネット集患の相談があり、対策を打ちました。幸い、比較的規模が大きい駅でネットを使って内科を探している人が少なくなく、ネット集患の効果がある立地でした。検索連動型広告を出すと、すぐに1日数人の新規患者さんが訪れるようになりました。さらに、グーグル検索において「地域名＋診療科名」で上位表示されるようにしたところ、徐々にではありますが、患者さんが増えてきました。

この医療モールが入っているビルは、駅から徒歩5分以内の場所にあるものの、通りがかる人も少なく目立たないため、医療モールの立地としては適していないといえます。医療モール内の他のクリニックはネットに力を入れていないこともあり、苦戦が続いているようです。そこまで規模の大きくない駅の医療モールの場合、駅改札を出たらすぐに見えるレベルのところに立地していないと厳しいこともあります。

医療モールであっても立地は重要です。ビルの空中階であれば、近くの1階と比べると通りがかりでの来院は少なくなります。

●ケース3　医療モール内で起こりがちなトラブル

医療モール内にあるクリニックの院長と調剤薬局の管理薬剤師との関係が悪化して、調剤薬局でそのクリニックの患者さんが後回しにされ、30分以上も待たされるという嫌がらせを受けるようになってしまいました。患者さんは調剤薬局で待たされてしまうため、そのクリニックへの足が遠ざかってしまい、結局は患者数が減少し退去してしまいました。

医療モール内では、クリニック同士でもトラブルになるケースがあります。たとえば、風邪症状の患者さんをどのクリニックが診察するのかで揉めたりします。大人であれば内科と耳鼻咽喉科、子供であれば小児科と耳鼻咽喉科で患者さんの奪い合いになります。

開業したら移転が難しいことから、同じ医療モール内のクリニック同士は何かと気を遣います。表面上は仲良くやっているように見えても、本音ではよく思っていないケースも多く、ストレスを抱えていることがあります。一定のリスクがあることは覚悟しておいたほうがよいでしょう。

承継開業の失敗事例

開業医の高齢化に伴い、既存のクリニックを譲り受け、新たなクリニックとして開業する承継開業が増加傾向にあります。承継開業には低コストで開業できてリスクが少ないといったメリットがある一方、承継開業ならではのトラブルや失敗事例もあります。

●ケース1　継続雇用した既存スタッフとの労務トラブル

前院長が高齢で跡継ぎもいないため、スタッフを同条件で雇用し続けることを条件に承継開業しました。

前院長の人柄に問題があったわけではないのですが、事務と看護師の能力が低く、患者さん対応も横柄で、承継した新院長は頭を抱えていました。

新院長が就任してからは、患者さんが増えて忙しくなりました。しかし、前院長よりも指導が厳しかったのかもしれませんが、10年以上勤めているスタッフは新しいやり方に反発があったようです。あるベテラン看護師は常連の患者さんに「院長が変わって働きにくくなった」「新しい院長は診察の見立てが悪い」などと漏らすようになり、次第に新院長と険悪な関係になっていきました。

その看護師は正職員として雇用していることもあり、簡単に解雇できません。看護師自身も長年勤めていることから給料がよく、転職してもそこまでの待遇が期待できないことから辞める気はありませんでした。やがて、お互い我慢比べのような状態になり、しびれを切らした新院長が看護師に辞めて欲しいと切り出し、6か月分の給与を上乗せして支払うことを条件に辞めてもらったそうです。

こうしたトラブルは承継開業で頻繁に起こるわけではありませんが、スタッフを継続雇用する際は注意が必要です。

●ケース2　院長のカリスマ性までは承継できない！

大変繁盛していたマイナー科のクリニックが院長の引退を理由に承継先を探していました。その院長はカリスマ性があり、遠方からも患者さんが訪れ、年間の売上は3億円以上ありました。

このクリニックは承継開業の仲介会社から私のところにも承継の話がありました。承継の場合、科目や地域にもよりますが、利益の1～3年分などで取引されることがあります。あくまで推測にはなりますが、譲渡価格は億単位になったはずです。

承継する医師が見つかり、同じ場所でクリニック名を変えて診療を開始しました。しかし、最初は多かった患者さんは徐々に減り始め、1年後には半分ほどになってしまいました。新院長は前院長の方針や診療方法を継続しようと努力はしていましたが、カリスマ性までは引き継げなかったということでしょうか。グーグルの口コミでは「今まで治っていたのに新しい先生では治らなくなった」「前院長のときはよかったが、院長が変わって行くのをやめた」など、悪い口コミが目立つようになりました。患者さんはクリニックに対する期待が高いからこそ、遠方からでもわざわざ来院しています。普通の診療では満足しにくくなっていたのでしょう。

承継開業の場合、どのような患者さんが来院されていて、承継したらどれくらい継続して来院が見込めるのかを計算すべきです。患者数や承継費用が同じであれば、評判が悪いクリニックのほうが伸びしろはあるという考え方もできます。

●ケース3　引退するはずだった前院長が競合クリニックで勤務

東京都内において院長の引退を理由に閉院するクリニックがあり、新院長が承継することになりました。新院長は引き継ぎも兼ねて前院長と一緒に勤務することになったのですが、何と徒歩3分ほどの距離にある競合クリニックで前院長が外来診療を担当することが判明しました。前院長は競合クリニックから「患者さんも連れてきて欲しい」と頼まれ、かなり前から患者さんにパンフレットを渡していたようです。

実は、この話は私の事例です。事実を知ったときは本当に衝撃が走りました。開業医生活に胸を膨らませていたのに、絶望感でいっぱいになり、医療事務に対しても「こんな大事なことをなぜ伝えてくれなかったのか」と不信感を抱きました。若かった私にとっては、開業前に突然訪れた大きな試練です。

1日平均40人ほどの来院があった皮膚科でしたが、結局、かかりつけ患者さんの半分ほどは競合クリニックに通うようになってしまいました。開業から1年で予定よりも1000万円以上も損をしてしまった計算になります。今ではほろ苦い思い出になりましたが、開業すると思いもよらない災難が降りかかるものです。

競合の開業で経営が悪化した事例

開業の成功や失敗はよく語られますが、開業した時点で患者さんが多く繁盛したからといって成功したと表現することにはいささか疑問を感じます。時間の経過とともに競合の開業などで外部環境が変化して、徐々に患者さんが少なくなることがよくあるからです。昔はよかったけど、今は患者さんが全然来ないと嘆いているベテラン開業医の方もいます。

また、必ずしも繁盛することが成功とは限りません。開業の目的や目標、成功の定義は人それぞれで異なります。目先の目標だけで開業を決めてしまいがちですが、長期的な視点に立って自分の将来と向き合っていく必要があります。

●ケース1　駅近に競合ができて患者数が6割減

このクリニックは駅から徒歩8分ほどの場所でマイナー科目の診療をしていました。院長の経営に対するモチベーションや患者さんからの評判はあまり高くなく、駅側に歩いて1～2分の場所に競合ができたことにより、患者数が6割ほどに激減してしまいました。

予想以上に患者さんが減って焦った院長は、駅近くへの移転を決意します。近隣の不動産屋だけでなく、知人を介して好立地にあるビルのオーナーにも声をかけました。探し始めて半年ほどで駅前1階の物件が見つかり移転すると、徐々に患者数が増え始め、移転前の9割ほどに回復しました。

院長の決断により患者数を回復できた事例ですが、実際に移転を決断することができる院長は多くありません。状況を俯瞰してみると、競合ができる前に移転しておけば、競合の新規開業を防げたかもしれませんし、少なくとも徒歩1～2分の場所には競合ができなかった可能性が高いと考えられます。

●ケース2　新興住宅地で大繁盛するも次々に競合が出現

次に紹介するのは、新興住宅地にある耳鼻咽喉科クリニックの事例です。このクリニックは耳鼻咽喉科の空白地で開業したことから、大変繁盛していました。近くに同科目の競合ができ、挨拶に来ても、「うちはパンクするくらい大変だけど、先生のところも忙しくなるよ」などと話し、友好的に対応していました。しかし、新興住宅地ということもあり、次々と競合が開業し、最初は1軒だけだった競合は5軒まで増え、患者数はピーク時の3分の1まで激減してしまいました。

院長は製薬会社の社員を介して、「患者さんが少ないので分けて欲しい」と漏らすようになるだけでなく、患者さんに対しても競合クリニックの悪口をいうようになりました。決して人格に問題があるような院長ではなかったのですが、環境が人格を変えたということでしょうか。

開業では、地域における医療の需要と供給のバランスが重要です。大規模開発により需要が増えて相対的に供給が不足した場合、一時的に患者数が増えることはあるでしょう。しかし、時間の経過とともに競合クリニックが増えたら、どんなに名医であっても患者数は減ります。

また、小児科、耳鼻咽喉科、産科など、子供やその母親世代がかかりやすい診療科は、その地域の住民が高齢化していくにつれて需要が減っていきます。需要が減ると同時に競合も減ってくれればよいのですが、都合よく閉院してくれることはありません。

クリニックの開業場所は開業時だけでなく、20年後、30年後の将来を見据えたうえで決めたいものです。40歳で開業したら最低でも30年後の70歳までは開業を続けているでしょうし、40年後の80歳まで働いている可能性もあります。「2050年、2060年のことなんてわからない」という方もいるかもしれませんが、人口動態や大規模再開発があるかどうかは、調べればある程度はわかります。

●ケース3　スマホの普及で繁盛したものの競合の乱立で凋落

このクリニックは2010年代前半頃に東京都内のオフィス街にある雑居ビルで開業しました。当時、アイフォンが発売されてスマホでクリニックを探す患者さんが増えており、その流れに乗って患者さんが1日100人以上来院する盛況ぶりでした。クリニックが手狭になったこともあり、倍ほどの広さの場所に移転しましたが、そこでも多くの患者さんが来院して、院長はより自信を深めました。

STEP 8

ところが、移転してから半年後に1軒、1年後にまた1軒と、数年の間に5軒ほど標榜科目が被るクリニックが乱立しました。競合が増えるにつれて、ネットで上位表示されなくなり、患者数は移転前に逆戻りするどころか、移転前の7割ほどまでに減ってしまいました。現在は、競争の激しくない地方に移転することも検討しているようです。

住環境がよく、開業志望の医師に人気があるエリアならではの特殊な事例かもしれませんが、開業には競合の出現という不確定要素がつきものです。

ネット集患の失敗事例

患者さんの来院経路がネット経由中心の地域や診療科で開業すると、何らかの要因でグーグルから評価されなくなったり、ネットに強い競合ができたりすることによって、患者数を減らしてしまうことがあります。上位表示されるかどうかで業績が大きく変化してしまうため、起こり得るリスクを想定して覚悟を持って開業するべきです

●ケース1　ターミナル駅で美容皮膚科を開業、ネット力がなく閉院

数年以上前の話にはなりますが、私の知人がターミナル駅近くの空中階で美容皮膚科を開業しました。需要が供給を上回っている地域で、駅からも近く立地はよかったのですが、知人にネットの知識がなかっ

たため、開業してもなかなか患者さんが集まりませんでした。

ネット集患については、美容皮膚科に詳しくないホームページ会社や広告会社任せになってしまい、手持ちの資金もなかったことから、他の会社に変更することもできず、知人はあきらめて閉院してしまいました。本人としてはなぜうまくいかなったのかがわからないままかもしれません。

自由診療をしている美容皮膚科は、広告費を多くかける必要があります。ホームページが上位表示されるためには、洗練されたデザイン、肌の悩みやトラブルに関するわかりやすい解説記事、高品質のイラストや写真などの掲載も欠かせません。最近ではインスタグラムなどのSNSを積極的に活用するケースもあり、ネット力がないと難しい科目といえます。

ホームページやインターネット広告に詳しい会社に任せれば、すべてがうまくいくわけではないことにも注意が必要です。医療は特殊であり、他の店舗系サービス業とは異なります。特に美容皮膚科の領域は、医療広告ガイドラインや薬機法を遵守する必要がありますから、美容皮膚科の実績のある会社や担当者に依頼するのが望ましいでしょう。ホームページ会社にかなりの費用を払っているにもかかわらず、思ったように患者数が伸びないと悩むクリニックもあります。院長にはホームページ会社を見極めるための最低限の知識が不可欠です。

閉院する前に私に相談してくれれば、何らかの対策を打てたかもしれません。知人は技術力もコミュニケーション力もあり、ネット集患次第で流行るクリニックになったはずです。医者としての腕とネット集患のテクニックは相関関係がありません。逆に、腕に自信があるからこそ、集患をあまり考えなくても患者さんが集まるという慢心が生まれ、うまくいかない原因になっている可能性があります。

STEP 8

●ケース2　ネット集患では複数科目より単科のほうが有利？

私の知人は都心部のオフィス街（激戦区）で、複数科目を標榜して開業しました。競合には単科の専門クリニックが多く、グーグルで「地域名＋診療科名」を検索すると、クリニック名に地域名と診療科名が含まれる競合ばかりが上位表示されます。知人のクリニックの名称には地域名や診療科名は入っておらず、患者さんはなかなか来院しませんでした。

グーグルは、複数科目を標榜しているクリニックより単科のクリニックを上位表示させる傾向があります。患者さんの検索ニーズを満たしやすいということがあるのでしょう。

知人のクリニックは高層ビル内のため、通りがかりでの来院はほぼゼロでした。近隣に似たような高層ビルが多く、ネット経由で訪れる患者さんが迷ってしまう不利な場所でした。現在はクリニックの集患に詳しいホームページ会社や広告会社に依頼して上位表示されるようになったことから、患者さんが増えて経営は安定しているようです。

ネット集患に興味のない医師は、ネット経由で来院がある地域よりも、通りがかりで来院がある地域で開業したほうがいいのかもしれません。

●ケース3　グーグルのコアアップデートで上位表示されなくなった！

あるクリニックの院長はネット集患に詳しく、自院のホームページには500ページほどの大量の記事が掲載されており、月間ＰＶ（ページビュー）は50万ほどありました。そのクリニックはターミナル駅近くにあり、複数の医師を雇用していて、多くの患者さんが来院していました。

しかし、ある日突然、グーグルがコアアップデート（検索結果の改良を目的に行う検索アルゴリズムの見直し）を行った結果、ホームページが上位表示されなくなり、月間ＰＶは10分の1ほどまでに減少してしまったそうです。「地域名＋診療科名」の検索結果は1位から5位ほどに急落してしまい、1日の新規患者数は激減してしまいました。患者さんが減っても人件費や家賃は減らすこともできず、結果的に売上が3分の2になって利益が激減しました。

恥ずかしながら、その院長とは私自身のことです。患者数が激減したときはかなり落ち込みました。ネット集患はグーグルの手のなかにあることを痛感しました。

私はこのときの経験がきっかけとなり、上位表示されなくなった原因を調べ、クリニックのＳＥＯ対策をより深く研究するようになりました。ＳＥＯの専門家が発信しているホームページ、ＳＮＳ、書籍などから情報収集するだけでなく、ＳＥＯの専門家に直接お会いして、ホームページを分析していただき、改善点を教えてもらいました。

専門家の意見は全員同じというわけではありませんでしたが、頭のなかで情報を整理することにより、「グーグルはどのような検索アルゴリズムでホームページを上位表示させているのか」をある程度、理解することができました。

ホームページ制作会社にホームページをリニューアルしてもらってからは、ひたすらコアアップデートを待ちました。その甲斐があって、半年後のコアアップデートの際に再び上位表示されるようになりました。日々、変動はありますが、運がよかったこともあり、上位表示は継続しています。ホームページは2022年6月現在、月間60万ＰＶほどで推移しています。

人間はうまくいっていると、つい油断して情報収集をやめてしまい、ホームページも放置しがちですが、それ以来、現状に甘んじることなく、医療ＳＥＯの専門家を目指して研鑽を続けています。

私の例からもわかる通り、「地域名＋診療科名」の検索ボリュームの大きい地域やマイナー科目（特に超マイナー科目）になればなるほど、上位表示されるかどうかで新規患者数が大きく変わります。「地域名＋診療科名」の検索ボリュームの大きい地域は、チェーンクリニックが開業しやすい地域でもあり、ネット集患の専門家と契約しているチェーンクリニックのホームページは上位表示しやすい傾向にあります。

検索結果の順位変動を注視しながら、下落するリスクと不安を抱え続けることは、開業医として幸せとはいえないでしょう。ネットよりも安定性が高い、通りがかりによる新規患者数が見込める開業場所を選ぶことが重要であると考えています。

STEP

9

幸せな人生という視点から立地を選ぶ

開業はゴールではない！　数十年先を意識しよう

本章では、開業医として幸せに生きていくという観点から、立地選びを考えていきたいと思います。開業志望の医師の多くは開業してから2～3年後くらいまでのことしか考えていません。「患者さんを増やして、黒字化して、できるだけ早く借金を返そう」と目の前のことで一生懸命になるのは当然なことだと思います。

しかし、開業はゴールではなく、借金の完済もゴールではありません。40歳で開業して70歳で閉院するとしても30年間、生涯現役を貫いたら40～50年間は開業医として働き続ける場合もあります。

開業してすぐにたくさんの患者さんが来院して繁盛したら成功した先生、逆に繁盛しなかったら失敗した先生と、医者仲間からレッテルを貼られがちですが、開業して数年くらいの段階は開業医人生のごく一部にすぎません。

繁盛していたクリニックでも、競合が増えて患者さんがあまり来なくなることはよくあります。70～80歳になって自分の開業医人生を振り返ったときに初めて、成功や失敗の評価ができるのではないでしょうか。一時的な「点」ではなく、数十年先までの「線」を意識するべきです。それは収入だけでなく、開業医としての幸せについても同じことがいえます。

開業医にとって厳しい未来がやってくる

クリニック経営の観点から20年後や40年後の未来を予測してみると、残念ながら開業医の未来は厳しくなると考えられます。

クリニックの経営状況を判断するさまざまな指標のうち、特に重要なのは1クリニック当たりの売上です。売上から人件費や家賃などの経費を引くと、開業医自身の利益が残ります。1クリニック当たりの1日の売上は、次の式で算出できます。

1クリニック当たりの1日の売上＝患者1人当たりの平均単価×1日の患者数

売上は単価と患者数に左右されます。国の医療政策が単価や患者数にどのような影響を与えるかを考えていきましょう。

診療報酬のマイナス改定による保険点数の低下は、患者1人当たりの単価の減少につながります。医療費の財源は保険料が約5割、国と地方の公費負担が約4割、残り1割が患者負担となっています。経済の専門家のなかには、現状の保険医療制度では国が財政破綻を起こしかねないため、抜本的な改革が必要だと指摘する方もいます。

今後、予想される競合クリニック数の増加、リフィル処方せんやオンライン診療の普及、患者さんの窓口負担やＯＴＣ医薬品導入品目の増加により生じる受診抑制は、患者数の減少につながります。このうち患者数の減少に最も大きな影響を及ぼすのは、競合クリニックの増加だと私は考えています。

確かに、保険点数の増額などにより、リフィル処方せんやオンライン診療が普及するように政策誘導すれば、患者数に影響するでしょう。しかし、現時点においてクリニック経営にどれくらい影響があるかは未知数です。

一方、将来の人口はかなり高い精度で予測することができます。そして、人口ほど高い精度ではありませんが、将来のクリニック数も予想できます。クリニック数は今後、確実に増えていき、増えた分だけ競合も増えるということです。

2060年には1クリニック当たりの患者数は半減する？

20年後の２０４０年、そして40年後の２０６０年における日本の人口とクリニック（無床診療所）数から、１クリニック当たりの患者数がどれくらい減少するのかを予測してみます。数字はあくまで予測であり、正確ではないことをご了承ください。

２０２０年の人口は約1億２６００万人、クリニック数は約10万軒なので、単純計算すると、１クリニック当たりの患者数は約１２６０人です（**図表9－1**）。

では、２０４０年の患者数はどのようになっているでしょうか。まず、クリニック数から見ていきます。

図表9－1　1クリニック当たりの患者数予測

年	人口	クリニック数	患者数
2020年	1億2,600万人	10万軒	1,260人
2040年	1億1,000万人	12.5万軒？	880人？
2060年	8700万人	15万軒？	580人？

1クリニック当たりの患者数は……
2020年→2040年で**約3割減**、2020年→2060年で**半分以下**

クリニック数は1980年時点で約5万軒、2000年時点で約7・5万軒となっており、20年間で約2・5万軒増えたことになります。増えた理由としては、1970年代に人口10万人当たり100人程度だった医師数を150人にするべく医学部を増設したことにより新たにクリニックを開業する医師が増えたこと、平均寿命が長くなり閉院するクリニックが減ったことなどが挙げられます。

もし仮に、これまでと同じペースで増え続けたとすると、20年後の2040年は約12万5000軒になります。2040年の人口推計は、約1億1000万人であることから、1クリニック当たりの患者数は約880人になります。

さらに、同じペースでクリニックが増加した場合、40年後の2060年は約15万軒になります。2060年の人口推計は約8700万人であることから、1クリニック当たりの患者数は約580人になります。

2040年は2020年と比較して、1クリニック当たりの患者数が約3割減少しています。さらに20年後の2060年は半分以下です。

実際には、供給（クリニック数）が増えると需要（患者数）も増えることがあるので、「そこまでは減らない」という考え方もあるでしょう。また、医師が余ることを想定して医学部の定員を減らすだろうから、「医師になる人が減り、クリニック数はそこまで増えない」という意見もあります。しかし、私は少なくとも2040年のクリニック数が12万5000軒前後まで増えることは、ほぼ確実だと考えています。

なぜなら、2040年までに開業する医師（40歳前後）の多くはすでに医学部に入学しています。また、2030年頃に大病院の医療需要はピークを迎えるという推計があることから、医学部の定員は急激に減らせません。大病院の医療需要がピークを迎えたあとは大病院のポストが少なくなり、病院勤務医から開業医への流れが加速する可能性もあります。

患者数が半減したら医師の時給は2500円に？

1クリニック当たりの患者数が半減したら、医師の時給はいくらになるのでしょうか。標準的な内科クリニックのケースとして、クリニックの年間売上を5000万円、経費のうち人件費を約2000万円（看護師2人×500万円＋医療事務3人×350万円）、家賃およびその他諸経費を約1000万円、開業医の収入を約2000万円と仮定します。

地域や診療科によってバラツキはありますが、開業医の収入が約2000万円あるからこそ、アルバイト医師の時給は1万円以上が相場になっています（時給1万円×1日8時間×年間250日勤務＝2000万円）。

患者数が半減すると、クリニックの年間売上は約2500万円となり、経費（人件費と家賃およびその他諸経費の合計）を減らさなければ、赤字になってしまいます。看護師と医療事務には1人ずつ退職してもらい、その他諸経費を約1000万円削減しても経費は約2000万円かかります。売上から経費を引いた開業医の収入は約500万円です。

そうなると、アルバイト医師の時給は2500円以上が相場になってしまいます。「そんなに安くなるはずはない」と驚いた方もいらっしゃるでしょうが、歯科医師の時給は現在2500円以上が相場になっています。

将来的にクリニックの小型化は避けられない

将来的に患者数が減ることを考えると、クリニックの小型化は避けられないと思います。損益分岐点を超えるためには、家賃や人件費を下げざるを得ません。すでに開業していれば、縮小移転することもあるでしょう。家賃が高い都心では医療事務や看護師を雇用せず、予約制やITシステムを駆使して、職員は院長1人、10坪くらいの広さで運営するクリニックが出てくるかもしれません。

歯科では虫歯の減少で需要が減ったなかでも、歯科医師が増え続けたことにより、1クリニック当たりの患者数が激減しました。現在では、医療事務や歯科衛生士を雇用せず院長1人で運営しているクリニックもあります。必ずしも歯科と同じようになるとは限りませんが、特に激戦区においては開業医の収入が3分の1、4分の1になってしまう可能性は十分にあり得ます。

仮に、大きく開業しすぎてしまい、予想よりも患者さんが集まらない場合、開業医の収入はアルバイト医師よりも少なくなってしまいます。長年に渡り借金だけを返し続けるのは幸せとはいえません。将来を見越して、競争が激しい地域や激しくなる可能性がある地域を避けて開業するのも有力な選択肢となります。予測が悲観的と思われるかもしれませんが、初めての開業においては悲観的なくらいの予測がちょうどよく、未来に向けた対策を立てることができます。

クリニックは小型と大型に二極化するという予測もあります。しかし、患者数は減っても大病院の数が減るわけではないので、小型のクリニックと大病院があれば、需要は賄い切れてしまいます。

開業する地域は自分とよく向き合って決める

人によって開業する理由は違います。価値観は人それぞれです。「収入を増やしたい」「理想の医療を実現したい」といった前向きな理由もあれば、「当直したくない」「医局の人間関係に疲れた」など後ろ向きな理由もあるでしょう。

収入を増やしたいにもかかわらず、激戦区で開業したら、収入が増える確率は下がってしまいます。いくら理想の医療を実現したくても患者さんが全然集まらない場所で開業したら、理想の医療を提供することができません。

時間と共に価値観は変化することがありますが、一度開業すると、なかなか移転できないこと、勤務医に戻るのが難しいことが開業のデメリットです。収入を増やしたいという気持ちで開業して経済的には安定したものの、毎日同じような診療の繰り返しで徐々にモチベーションが下がってしまう開業医もいます。自分とよく向き合って、十分に検討したうえで、開業する地域や住む場所、物件の広さや医療機器を選ぶことをおすすめします。

通勤時間は短いほうがいい

もし、持ち家があって引っ越しができない場合は、自宅からドアツードアで30分以内（長くても1時間以内）の場所が開業候補地になります。自宅を購入していない場合は、自分が開業したい地域や住みたい地域が基準となりますので、選択肢はかなり広がります。

現在住んでいる、または以前に住んだことがあるなど、人は本能的に土地勘や馴染みがある地域で生活したいと考えます。しかし、その地域が本当に開業場所として適しているかどうかは慎重に検討する必要があります。

毎日、何十年も自宅からクリニックへ通勤するわけですから、通勤時間は短いほうが効率的です。クリニックの場所が自宅から徒歩10分であれば、1日の通勤時間（往復）は20分です。一方、自宅から最寄り駅まで徒歩10分＋電車25分（電車の平均待ち時間5分を含む）＋最寄り駅からクリニックまで徒歩5分であれば、ドアツードアで40分、1日の通勤時間は80分となり、60分も余計に時間がかかります。

60分の差を時給ベースで換算すると、時給1万円の医師なら1万円です。売上ベースで換算すると、1時間に単価5000円の患者さん8人を診療する医師なら4万円です。通勤時間を診療に充てたほうが合理的と考えることもできます。

人それぞれ価値観がありますので、通勤時間が長いことを否定しているわけではありませんが、70〜80歳になっても通勤し続けることを考えると、体力的な負担になってしまう可能性があります。電車通勤で乗り換えがある場合は、次の電車が来るまでの待ち時間が増えるだけでなく、遅延などに遭遇する確率が高くなります。

開業場所から徒歩10分以内に住んでいる場合は、診療時間外に患者さんと顔を合わせることもありますが、挨拶をしたり地域に溶け込んだりすることで自然と営業活動につながります。もちろん、ご近所付き合いが苦手で同じ地域に住みたくない方は、別の駅に住むのも選択肢です。隣駅に住んで自転車で通勤してもよいでしょう。

眼科開業医をしていた私の母は自宅のある街で開業していたので、私は子供の頃、近所の大人から「○○眼科の息子」と認識されていたようです。しかし、メリットやデメリットはあまり感じませんでした。小学校の同級生から「メガネ代を安くしてもらってありがとう」とお礼されたことがあり、それがメリットといえるかもしれません。

開業物件は賃貸と購入のどちらがいいのか?

クリニック開業は賃貸がおすすめです。賃貸のほうが購入に比べて候補地となる場所が多く、将来何かあった場合でも移転することができるからです。

好立地の場所は店舗向けの賃貸物件になっていることが多く、特に電車社会では売買できる土地・建物が好立地であることはまれです。

また、土地を購入してクリニックと住宅が一体となった建物を建築した場合、クリニックが予想以上に繁盛したり、子供が増えて手狭になったりしても面積を増やすことができません。そして、最も困るのは、近隣に競合クリニックができた場合です。患者さんの奪い合いで利益が下がっても容易に移転できません。

競争が激しくない地域や親子間での承継開業であれば、好立地の土地に建物を建てて開業するのも選択肢になると思います。

開業するまでは家を買わない

まだ家を買っていない方限定の話にはなりますが、「開業するまでは家を買わないほうがいい」という考え方もあります。開業までは賃貸住宅に住み、開業して収入が安定してから、子供が小学校、中学校、高校などに入学するタイミングで家を買う人もいます。

開業して1日当たりの新規患者数がわかるようになると、5年後、10年後の1日当たりの総患者数を推定できるようになります（競合が増えて新規患者さんが減るリスクはあります）。1日当たりの総患者数から、おおよその収入が予想でき、収入がわかれば最大でどれくらいの価格の土地・建物、マンションを購入できるかが、ある程度決まってきます。開業前に借入をして家を購入すると、開業するときに追加で借入がしにくくなることがあります。

あくまで私の個人的な意見ではありますが、将来的に子供は巣立っていくので、あまり広い家を買う必要はないと思います。子供部屋が必要になるのは6～10歳くらいからで、大学に入学する18歳に一人暮らしを始めるとすると、子供部屋が必要な期間は最短で8～12年間です。

子供が巣立ってから、夫婦2人で住むための家に引っ越すのも合理的です。そのときになって初めて家を購入してもよいでしょう。また、夫婦の3組に1組は離婚する時代です。離婚する可能性があることも忘れてはいけません。離婚したら少なくとも1人分の空間が不要になります。私は今まで賃貸派でしたが、子供が5人もいるため、なかなか広さの合うマンションや一戸建てがなく、消極的な理由ではありますが、土地を買って家を建てることを検討しています。

余談にはなりますが、独身で開業志望の医師は、開業してから婚活することをおすすめします。時間的にも経済的にも余裕がある状態のほうがしっかりと相手を見極められますし、勤務医より開業医のほうが異性に人気があります。私の知人女性は、「いくらお医者さんでも独立開業すれば個人事業を行うことに変わりはないわけで、開業して経済的に安定しているお医者さんのほうが開業前のお医者さんより安心感がある」といってました。

自分が住みたい街に住むという選択

住みたい街を選ぶことができるのも開業の魅力です。自分が好きな街、住みたい街であれば、競合が多い地域で収入が少なくとも頑張れる、幸せに生きていけるということもあるでしょう。

自分が住みたい街が決まると、開業場所が絞られてきます。たとえば、電車通勤で自宅最寄り駅からの乗車時間が20分以内を希望しており、その範囲にある駅が上り10駅、下り10駅ほどあるとします。合計20駅を需要が供給を上回る、競合が弱いなどの条件に照らし合わせると、5駅まで絞られるなど、候補がかなり限定されてしまうことも少なくありません。自宅のある最寄り駅は複数の路線が乗り入れているほうが開業場所の選択肢は広がります。

住む場所は、自分のライフスタイルだけでなく、配偶者や子供の人生にも影響します。夫婦で時間をかけてよく話し合ったほうがよいでしょう。小さい子供がいれば、教育環境がよい小学校や大手学習塾がある場所が候補になるでしょうし、中学受験や高校受験をする際には、志望する学校に通学できるかどうかなども関係します。自分や配偶者の親や友人などが近くに住んでいることを重視する方もいます。

経営が安定したら診療時間を減らすのはあり?

開業後、経営が安定して借金を完済すれば、診療時間や診療日を減らすことが可能になります。19時までの診療時間を17時までにしたり、週5日の診療日を週4日にしたりして、空いた時間を自分の趣味や社会活動などに充ててもよいでしょう。診療時間や診療日が減れば、看護師や医療事務をパートに切り替え、人件費を削減することもできます。

租税特別措置法26条で規定される「概算経費の特例」という制度があります。社会保険診療報酬にかかわる経費を実額計算ではなく、概算経費率で計上でき、支払う税金がかなり安くなることがあります（**図表9－2**）。年間の社会保険診療報酬が5000万円以下で、かつ収入金額（社会保険診療と自由診療の合計額）が7000万円を超えないことが適用条件です。

開業医のなかには、社会保険診療報酬が5000万円以上にならないように診療時間や診療日数を調整している方もいます。詳しい制度の仕組みについては、必ず専門の税理士に確認してください。

モチベーションをコントロールすることが大事

開業医は勤務医と違って転勤がありませんし、上司もいません。毎日同じ場所に出勤し、同じような病

図表9－2　概算経費の速算表

年間の社会保険診療報酬（A）	概算経費
2,500万円以下	A×72%
2,500万円超3,000万円以下	A×72%＋50万円
3,000万円超4,000万円以下	A×62%＋290万円
4,000万円超5,000万円以下	A×57%＋490万円

気や症状を抱えた患者さんの診察・治療を繰り返していくことになります。それが閉院するまで続くのです。

そのため、「経営は順調だが、患者さんを診察するのに疲れた」「収入は増えたが、同じことの繰り返しで退屈な毎日を過ごすのが嫌になった」「同じこお金の使い道もないし、モチベーションが続かない」「スタッフとの人間関係がうまくいかず、ストレスが溜まる」といった悩みを抱えている開業医も少なくありません。診療に対するモチベーションが上がらず、それでも生活のために診療を続け、抗うつ薬を飲みながら、メンタルクリニックを運営している開業医もいます。

モチベーションは自分でコントロールするしかありません。開業医は持続力も重要で、スポーツで譬えるなら短距離走ではなく、マラソンです。モチベーションが下がったときに、どのようにしてクリニックの運営を維持するかまで考えておいたほうが無難かもしれません。

おわりに

情報提供を通じて一人でも多くの医師を幸せにしたい

最後までお読みいただきまして、ありがとうございました。

開業志望の医師のなかには、開業場所に対する考え方が変わった方も少なくないのではないでしょうか。開業医の先生やクリニック関係者の方は、近隣に競合クリニックができる確率を下げる予防策を実践してみてください。

私は自身の公式ホームページでクリニック経営に役立つ情報を随時発信しています。また、著書『競合と差がつくクリニックの経営戦略――Ｇｏｏｇｌｅを活用した集患メソッド』（日本医療企画）では、クリニック経営やネット集患のノウハウをまとめています。ご興味のある方は、ぜひご一読ください。

趣味の範囲にはなりますが、開業志望の医師向けに開業場所の相談、開業志望の医師やすでに開業している医師向けにネット集患の相談を無償で行っています。新宿駅近くの馴染みの居酒屋でお話をうかがうこともあります。中立的な立場でアドバイスがしたいので、どなたからの紹介でも紹介料などはいただかないようにしています。お気軽にお問い合わせください。

私が運営している新宿駅前クリニックでは、勤務していただける医師を募集しています。医師としての診療力以外にも、医療事務や看護師スタッフの管理方法、クリニック経営者としての経営力を学ぶことができます。将来的に開業をお考えの医師の先生には、開業前にクリニック（当院に限らず）で勤務されることをおすすめしています。

当院は内科、皮膚科、泌尿器科を標榜しています。内科専門の医師でも皮膚科や泌尿器科の診療ができるようになると、開業した際により多くの患者ニーズに応えられます。他科からの転科も歓迎しています。実際に当院で勤務して皮膚科を学び、その後、開業した内科専門の医師は、内科よりも皮膚科のニーズがある地域だったようで、皮膚科の新規患者数のほうが2倍以上も多いそうです。当院では、勤務医の開業を積極的に支援しており、多くの医師が開業して、患者さんが集まるクリニックを運営しています。

本書の内容を実践した多くの医師が幸せな開業医人生を送っていただくことを切に願っています。

２０２２年6月吉日

著者

[著者略歴]

蓮池林太郎

（はすいけ・りんたろう）

1981年生まれ。5児の父。医師、作家。

2006年帝京大学医学部卒業。国立精神・神経センター国府台病院臨床研修、国際医療福祉大学三田病院勤務を経て、2009年新宿駅前クリニックを開設。2011年医療法人社団SECを設立。開業医向けにクリニックコンサルティングを行う。

著書に『競合と差がつくクリニックの経営戦略——Googleを活用した集患メソッド』（日本医療企画）、『患者に選ばれるクリニック——クリニック経営ガイドライン』（合同フォレスト）、『これからの時代の幸せな生き方』（セルバ出版）などがある。

著者メールアドレス

catdog8461@gmail.com

著者フェイスブック

https://ja-jp.facebook.com/rintaro.hasuike

※友達申請をして、メッセージをつけてお問い合わせください

新宿駅前クリニック公式ホームページ

https://www.shinjyuku-ekimae-clinic.info/

著者公式ホームページ

https://www.hasuikerintaro.com/

●装幀デザイン：櫻井ミチ
●本文デザイン・DTP：株式会社明昌堂
●本文イラスト：もりまさかつ

クリニックは立地で決まる！
患者が集まる開業場所の選び方

2022年8月20日　第1版第1刷発行

著　者　蓮池林太郎
発行者　林　諄
発行所　株式会社日本医療企画
〒104-0032　東京都中央区八丁堀3-20-5
S-GATE八丁堀
TEL　03-3553-2861（代）
http://www.jmp.co.jp/
印刷所　図書印刷株式会社

ISBN978-4-86729-153-5 C3034